探究の力を育む
課題研究

中等教育における新しい学びの実践

林　創・神戸大学附属中等教育学校
［編著］

G学事出版

はじめに

　本書は，探究とは何か，学校でどう取り組み，どう指導すればよいかについて書かれています。その背景には，神戸大学附属中等教育学校が試行錯誤を重ねつつ取り組んだ「課題研究」（本校では「卒業研究」と呼んでいます）を中心とする探究の実践があります。また，今後の展開に向け，理論的，実践的な手がかりと留意点について記しています。

　本校では，東京大学教育学部附属中等教育学校などの実践を参考に，2009年の学校創設以来，探究的な学習を「Kobe ポート・インテリジェンス・プロジェクト（略称：Kobe プロジェクト，または KP）」と命名して，本校6年一貫カリキュラムの中心的な柱として取り組んできました。命名にあたっては，神戸港が世界に開かれた船舶の基地であることに鑑み，Kobe プロジェクトが世界に羽ばたく知性（インテリジェンス）を涵養する場となるようにとの願いが込められています。

　Kobe プロジェクトは，探究的な学習のプロセスを通して「見つける力」「調べる力」「まとめる力」「発表する力」と共に，論理的・批判的に「考える力」を育成し，さらに研究手法（リサーチリテラシー）を身につけることを目的としています。また，難題ではありますが，探究的な学習で涵養された力が，教科の探究活動に影響を及ぼし，教科で培われた学力が探究的な学習を支えるという相乗効果を企図しています。「課題研究（卒業研究）」は，Kobe プロジェクトの集大成の場であり，生徒は実に1年半をかけて，個人でテーマを決め，データを収集して整理・分析・検証し，論文（18,000字以上）を仕上げ，発表するという大掛かりなものです。

　さて，「探究」は新学習指導要領で強調され，教育改革のキーワードとなっていますが，そもそも探究はなぜ必要なのでしょう。

　本校は，神戸大学が掲げている「グローバルエクセレンス（国際的に卓越した）」教育を受けて，「グローバルキャリア人」の育成を目標としています。この目標は，多義的な解釈が可能ですが，グローバル化とIT化による急激な技術革新が同時進行する現代世界の状況下で，新しい時代に相応

しい資質と能力を備えた自立した市民の育成をめざしています。独り立ちした市民として生きていくためには，次々に生じてくる課題に柔軟に対応できる力が必要です。その際，グローバルキャリア人育成のコアをなすのが探究的な学習であると考えます。

2015年に指定を受けたスーパーグローバルハイスクール（SGH）事業は，課題研究を中心的プログラムと位置づけていることもあり，本校の探究的な学習にとって「追い風」となりました。ユネスコスクールに加盟していたこともあり，ESD（持続可能な開発のための教育）を意識した「地球の安全保障」を研究主題とし，4つの研究領域（A：震災・復興とリスク・マネジメント，B：国際都市「神戸」と世界の文化，C：提言：国際紛争・対立から平和・協力へ，D：グローバルサイエンスと拠点都市「神戸」）を設定しました。同研究主題及び領域は，生徒の研究テーマとしては大きすぎるため，研究テーマの絞り込み作業が必要でしたが，全体として研究の社会的意義についての自覚を緩やかに促しました。

SGH事業の恩恵は，神戸大学や他の国際機関との協力関係が進んだことです。それまで，手探りで経験主義的に行っていた探究について，理論化を図って再定義を行うと共に，テーマの設定から調査・整理・論文執筆・プレゼンの方法，事後の検証評価に至るまでの全プロセスを整備できたのは，石川慎一郎先生，林 創先生をはじめとする神戸大学の先生方の支援があったからです。

生徒のグローバル意識調査や各種学力調査結果の分析から，探究的な学習が言語・情報の「基盤能力」「自律的思考力」「課題対応力」「人間関係力」等の基盤的な能力の上昇につながっていることが検証されました。また，探究的な学習と教科等の学習には正の相関があることも明らかになりました。

本書の構成は次の通りです。
第1部は理論編です。
第1章「探究（課題研究）とその背景」では，課題研究，探究とは何かについて理論的に整理した上で，心理学の理論を基に，課題研究を支える

要素として「批判的思考」「メタ認知」「心の理論」を取り上げ，どうすれば批判的思考力を伸ばすことができるかについて論及しています。さらに，課題研究の進め方について「研究の型の大切さ」「課題研究の指導の注意点」について具体的に解説しています。

第2章「新しい学びとしての探究」では，探究導入の今日的背景及び新しい能力としてのキーコンピテンシー育成が喫緊の課題であることが強調され，新しい能力育成に対応した新しい学習形態を組織していく上で，探究学習が重要な位置を占めることが指摘されます。さらに探究学習のタイプを整理し，その利点・制約を指摘した上で，「良い研究」の見取り図について3つのモデルを具体的に提示しています。

第2部は実践編です。

第3章は，本校の卒業研究を柱とする探究のカリキュラムと概要について記しています。

また，第4章は，研究の成否のカギを握る「研究テーマ」決定のプロセス及びテーマの限定化作業とその指導方法について，生徒の研究テーマ一覧と共に紹介しています。

第5章では，課題研究の具体的な指導について，①文系研究（実証的研究）②文系研究（文献研究）③理系研究（実験・観察）の3つの研究タイプに分けて紹介しています。課題研究には共通する部分が多いのですが，三者にはそれぞれの特色があり指導方法に相違点も見られます。また，本校が実施している少人数講座（ゼミ）の指導について，指導類型を区分しながら指導方法の特徴を指摘し，教員が少しの工夫を講じることで，探究の指導に不安を覚える必要はないことを主張しています。

第6章は，課題研究の評価について，年々改善されつつある評価方法とルーブリックについてその作成過程と共に紹介しています。また，優秀作品の選出方法や運用面での課題についてもふれています。

第7章は，探究における各学年での発表会の実施形態や当日の様子，プレゼンテーションの指導について解説しています。

また，第8章では，課題研究が生徒の社会的貢献や生徒自身の将来に与えた影響について卒業生の体験談と共に紹介しています。

第9章では，課題研究の効果を，生徒アンケートや批判的思考力テストと学力の関係等を基に検証しています。
　第10章では，優秀論文やポスターの具体例を取り上げて，内容を紹介しています。優秀作品は労作ぞろいですが，研究に際限はありません。
　実践編は，成功例を基に記載している場合が多いため，うまくいかなかったケースや試行錯誤のプロセスを必ずしも正確に描いているとはいえませんが，本著は課題研究の成果と方向性を浮き彫りにすると同時に，今後の課題についても明示していると考えています。
　本著が，探究に取り組もうとしている教員や生徒の皆さんに少しでも役立つことがあれば幸いなことです。また，探究の深化に向けて，忌憚のないご意見を賜ることを願っています。

2019年1月

　　　　　　　　　　　　　　　　　　　神戸大学附属中等教育学校副校長
　　　　　　　　　　　　　　　　　　　　勝山元照

探究の力を育む課題研究
中等教育における新しい学びの実践

もくじ

はじめに　2

第1部　理論編

第1章　探究（課題研究）とその背景……………………………10
1　探究とは何か？……………………………………………10
2　探究や課題研究を支える要素……………………………16
3　課題研究の進め方…………………………………………24

第2章　新しい学びとしての探究…………………………………29
1　はじめに……………………………………………………29
2　探究導入の背景……………………………………………29
3　探究とは何か………………………………………………36
4　教科型探究の企画と実践…………………………………38
5　まとめ………………………………………………………45

第2部　実践編

第3章　神大附属の課題研究（卒業研究）の概要………………48
1　課題研究の位置づけ………………………………………48
2　課題研究の構成……………………………………………50
3　課題研究の目標と育てたい力……………………………54

第4章　オリエンテーションとテーマ設定………………………56
1　オリエンテーション………………………………………56
2　個人研究のための講座……………………………………57
3　テーマの設定………………………………………………63
　　卒業生の振り返り（1）：研究テーマと初心の大切さ　72
　　卒業生の振り返り（2）：問いの大切さ　73

第5章　課題研究の指導……………………………………………75
1　文系研究の指導（実証的研究）……………………………………75
2　文系研究の指導（文献研究）………………………………………81
3　理系研究の指導………………………………………………………87
4　少人数で構成される講座（ゼミ）の指導のポイント……………92
　　コラム：TA（ティーチング・アシスタント）の振り返り　97

第6章　課題研究の評価…………………………………………104
1　パフォーマンス課題とルーブリック評価………………………104
2　課題研究の評価方法の作成………………………………………104
3　優秀者の選出………………………………………………………108
4　ルーブリックの改善………………………………………………109

第7章　発表会……………………………………………………111
1　発表会の概要………………………………………………………111
2　発表会を終えて……………………………………………………114
　　コラム：優秀者発表会での副校長の挨拶　121
　　卒業生の振り返り（3）：発表会の経験と発表の大切さ　122

第8章　課題研究の成果と大学入試・大学での
　　　　学びへのつながり………………………………………124
1　課題研究の成果……………………………………………………124
2　大学入試・大学での学びへのつながり…………………………130
　　卒業生の振り返り（4）：卒業研究と大学での学び　133
　　卒業生の振り返り（5）：卒業研究の経験の重要性　135
　　卒業生の振り返り（6）：卒業研究とアイデンティティ　137
　　卒業生の振り返り（7）：課題研究で培われた意識　138

第9章　課題研究の効果の検証…………………………………140
1　生徒アンケートの結果より………………………………………140
2　批判的思考力テストの結果………………………………………147

第10章　卒業論文とポスターの例………………………………154
　卒業論文例①：文系研究（実証的研究）
　　若者の投票率を上げるための政治教育とは
　　　―模擬選挙を用いた実験の投票率から見る情報刺激の効果―………155

卒業論文例②：文系研究（文献研究）
　　台湾における日本の植民地教育の考察
　　　―日本統治下の公學校修身書（台湾）と
　　　尋常小學修身書（日本）を比較して―……………………………………170

卒業論文例③：理系研究（第14回高校生科学技術
　　　チャレンジ（JSEC2016）優等賞）
　　建築素材における低圧縮型木片コンクリートが与える
　　未使用木材利用の可能性………………………………………………………182

卒業論文例④：理系研究
　　浴槽にお湯をはらない期間が追い炊き配管内の菌の増加量に及ぼす影響
　　　―より衛生的にお風呂に入るためには―……………………………………194

ポスター例①：文系研究（実証的研究）
　　経済地理学的視点からみた持続可能な鉄道のあり方
　　　―第三セクター鉄道の出資比率別考察―……………………………………205

ポスター例②：文系研究（文献研究）
　　神戸米騒動と新聞報道
　　　―社会運動史とマスメディアの関係の一考察―……………………………206

ポスター例③：理系研究
　　閉鎖環境下でのミドリムシの長期飼育
　　　―地球共生循環のモデルを目指して―………………………………………207

ポスター例④：理系研究
　　学校机における使用済み雑巾の水拭き清掃の課題と改善
　　　―菌の視点から―………………………………………………………………208

引用文献　210
おわりに　214
執筆者紹介　217

第1部
理論編

第1章 探究（課題研究）とその背景

1 探究とは何か？

探究について

　近年，スーパーグローバルハイスクール（SGH）やスーパーサイエンスハイスクール（SSH）指定校を中心に，中等教育において，「総合的な学習の時間」などを使って，大学での卒業論文のような研究を行うことを生徒に課す学校が広がっています。高等学校の新学習指導要領（2022年度より実施）では，「総合的な学習の時間」が「総合的な探究の時間」と名称変更されるのに加え，教科においても「理数探究」「日本史探究」など，「探究」を名称に含む科目が設定されました。このように，SGHやSSH指定校のみならず，一般校でも探究指導が求められる時代となったのです。ところが，「探究」のイメージは漠然としたもので，きちんと説明できる人は少ないのではないでしょうか[※1]。

　探究とは，(1)自ら問題を発見し，(2)調査・観察・実験などによって事実を明らかにし，(3)事実に基づいて，論理的・批判的な思考・判断をおこない，(4)導いた結論を表現したり，問題を解決したりする学習活動である，とまとめられます（楠見，2017）。

　また，文部科学省の「学習指導要領解説」によれば，探究とは「物事の本質を自己との関わりで探り見極めようとする一連の知的営みのこと」であり，次のような活動が発展的に繰り返されていく学習とされます（文部科学省，2018；田村，2015）（図1-1）。

※1　探究には，細かな用語の違いもあります。「探究学習」が基礎的知識の習得までも目指すものであるのに対して，「探究的な学習」は研究自体に主眼が置かれ，基礎的な知識の習得を目指すという面は弱いことから，両者は異なるという考え方（溝上，2016）があります。また，「探究型学習」には「探究学習」や「テーマ学習」や「発見学習」など様々な学習方法や形態が含まれる考え方（松田ら，2009）もあります。本章では，研究的側面を重視し，「探究」または「探究的な学習」という用語を用いています。

①課題の設定：体験活動などを通して，課題を設定し課題意識をもつ
②情報の収集：必要な情報を取り出したり収集したりする
③整理・分析：収集した情報を，整理したり分析したりして思考する
④まとめ・表現：気づきや発見，自分の考えなどをまとめ，判断し，表現する

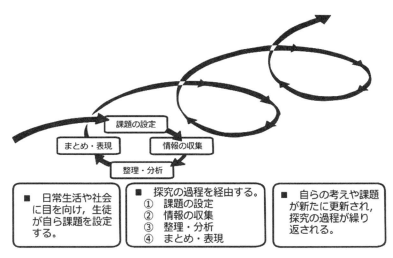

図1-1　探究における生徒の学習の姿
（文部科学省，2018より転載）

　特に「総合的な学習の時間」を中心に行われる探究的な学習は，「課題研究」と呼ばれることが多く，高等教育における大学生の卒業論文に代表される「研究」のプロセスと基本的に同じといえます。このように，探究では生徒自らの問題意識や活動が重視されるため，その学習法では，アクティブラーニングが主体となります（第2章参照）。また，探究的な学習を通して「思考力・判断力・表現力等」を身につけていくことが期待されています（田村・廣瀬，2017）。

調べ学習と探究

　（初等）中等教育では，しばしば「調べ学習」という言葉が使われます。調べ学習と探究的な学習は，よく混同されますが，両者は異なるので，そ

の違いを認識することが重要です。調べ学習とは，生徒がある課題について，図書館を利用したり，聞き取り調査をしたりして結果をまとめること（デジタル大辞泉）です。それでは，この調べ学習と探究の違いはどのようなところにあるのでしょうか。それは「研究」であるか否かです。

そこで質問です。次の１）～５）のうち「研究」と呼べるものを，すべて挙げてみてください。

１）人の色の好みを無作為に選んだ1,000人に聞いて，色ごとに集計し，その結果を度数分布表にまとめた。
２）大気汚染の環境基準となる二酸化硫黄の量を，工場密集地の山側と海側の２ヵ所で１時間ごとに測定し，比較した。
３）気になる異性に好かれる方法を多面的に熟慮し，それらの方法と成功確率を表にまとめた。
４）力学台車を自作して，実験を繰り返した結果をノートに記録し，物理の運動の法則を確認した。
５）知能検査を使って，小学生と大人の論理的思考力を調べて，その結果をグラフにまとめ，比較した。

答えは，すべて「研究」とは呼べないものです。なぜでしょうか。それはこれらが以下のいずれかに当てはまるからです（酒井，2013）。

A）そもそも問題に取り組んでいない。
B）ほとんど誰も解決を望んでいない個人的な問題に取り組んでいる。
C）答えがわかりきった問題に取り組んでいる。

１）のように，色の好みをたくさんの人に聞いていけば，「赤」「青」「ピンク」など，さまざまな答えが集まります。２）のように，二酸化硫黄の量を測定すれば，土地や風向きなどの違いで様々な値のデータが得られます。それらを表やグラフや地図にまとめれば，人の個人差や大気の様子がわかり，立派な調べ学習になりそうです。しかし，ここには，「どのような

問題を解決するためにデータを集めたのか」という「問題意識」が欠けています。質問をしたり手を動かせば何かのデータは集まりますし，本を読めば何かの事実はわかります。しかし，これではただの調べ学習にすぎません。何かの問題を解決しようという意識なしに，実験・観察・調査を行う（＝調べる）だけでは研究にならないのです（酒井，2013）。研究には，問題意識が必要です。

3）の，自分が気になる異性に好かれる方法を熟慮するというのも，その人にとっては重要なことでしょう。しかし，他の多くの人にとっては，どうでもよい話です。このように個人的な関心や問題を扱うだけでは，学術的な問題とはなりません。

4）の，物理の運動の法則を実験で確認することは重要です。しかし，それは既に知られていて，理科の教科書にも書かれていることです。5）の，大人と子どもの論理的思考力についても，調べるまでもなく差があるのは当たり前（一般常識）です。他者も知っていることなので，わざわざ調べて発表する意味がなくなります。

それでは，これらのテーマをどのように捉え直せば，「調べ学習」を超えた「研究」になるのでしょうか。

1）の，人の色の好みでいえば，ただ聞いて回るのではなく，何かの問題に取り組もうとすると研究になります。たとえば，「色の好みに文化的な影響があるのか？」という問題意識を立てれば，地域や民族の間での色彩の違いに気づくことでしょう。人類学や文化心理学など，さまざまな学問からこの問題に迫れそうです。それぞれの学問で基本的な理論や考え方がありますので，それらを踏まえて考察すれば，学術的なものになります。

少しずらして，「色の違いで，物事の認識が変わるのか？」といった問題を立てるのも一案でしょう。たとえば，テコンドーの試合を材料にした興味深い研究があります。赤い胴着の選手と青い胴着の選手について，赤い胴着をつけた選手が優勢であると判定された映像を加工して，胴着の色だけ入れ替えると，それ以外はまったく同じ映像であっても，本当は青い色を着ていて劣勢だったはずの赤い胴着の選手を優勢に判定してしまうそうです（Hagemann et al., 2008）。色の違いだけで，このように物事の認識が

変わるとすれば，不公平を生み出しかねません。この問題に取り組むことは，社会的に重要なこととなりえます。

　3）の「気になる異性に好かれる方法を熟慮する」というテーマも，たとえば「異性の行動の好悪の観点に，性差はあるのか？」などと問題を展開すれば，営業の人員配置に有益な知見が得られるかもしれません。経営学などさまざまな研究ともつながってくることでしょう。個人的な関心によるテーマに，社会的な意義が出てきます。「他者への印象はどのように形成されるのか？」といった問題に展開するのも一案です。初対面とその後の接触で，対人的な印象が変わることがあります。心理学では，何度も接触すると好意度が増す「単純接触効果」が知られています。また，「印象形成」は，社会心理学の教科書で1つの章を構成するほど先行研究が豊富です。それらの理論や知見と結びつければ，学術的意味が増します。

　ここまでをまとめてみましょう。研究とは何らかの問題を解決するために行う活動です。取り組むべき問題は，個人的関心によるものではなく，その解決が多くの人にとって有益な「社会的に意味のある」ものでなければなりません。さらに社会的に意味があるためには，既に明らかなことではなく，未知の問題解決が求められます。探究が調べ学習と異なるのは，このようなポイントが揃った「研究」になっているという点にあるのです。

　もちろん中等教育の段階で多くの高校生が未知の問題に取り組み，解決するというのは困難です（それができたら，ニュースになります）。したがって，プロの研究者の世界では解決済みの問題であっても，「高校生の知識の範囲内では未解決に思える問題」であれば，探究（課題研究）のテーマとして成立すると考えられます（酒井，2013）。

研究の枠組み（研究の型）

　探究が，調べ学習ではなく，研究であることを理解できたとして，次に大事なことは，「研究の枠組み」（研究の型）を知ることです。

　ノーベル賞を受賞するような画期的な研究を含めて，学術的なものとして成立している研究はすべて，次のような枠組みをしています（楠見・子安，2010；山田・林，2011）。

a）何らかの「問題」を提起している
b）問題に対して、「理由」を示しながら、論理的に「解答」（結論）している
c）理由を裏付けるために、「証拠」を提示（文献やデータなどの資料を引用）している

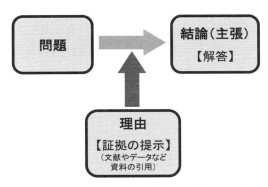

図1-2　研究の枠組み（山田・林, 2011）

　このような研究の枠組みを見ると、何か別世界の特殊なことをしているように感じるかもしれません。しかし、この研究の枠組みは、社会人になれば、どんな職に就いても、毎日繰り返し経験していることなのです。

　会社に勤めているとすれば、たとえば上司から「最近、競合他社にシェアを取られている。何が我が社の売り上げを低迷させているかを調べて、今度の会議で打開策を報告してくれないか？」といった指示を頻繁に受けるはずです。学校の先生であれば、たとえば校長先生から「最近、保護者から本校は攻撃的な子どもたちが多いというクレームが頻繁に届いています。保護者懇談会に向けて、対処法を考えてもらえますか？」と頼まれるようなことは多いでしょう。ここでの「何が我が社の売り上げを低迷させているか」や「本校は攻撃的な子どもたちが多い」は、「問題」です。放置すれば、その会社は業績が悪化しますし、その学校は受験者が減ることにもなりかねません。そこで「打開策」や「対処法」を生み出す必要があり

ます。これが研究の枠組みでいう「結論／主張（解答）」に当たります。

　この打開策や対処法は「思いつき」で生み出すものではありません。会社の例でいえば、実態の把握や過去の類似の現象の検討、学校の例でいえば、「攻撃的」とはいったいどのような状態を指すのか、その共通認識の検討から始まります。これは、研究における問題の明確化、すなわち概念や現象の定義、先行研究や知見のレビューに相当します。続いて、売り上げを上げる新たな方法のシミュレーション、あるいは、攻撃的な子どもたちが他校に比べて多いといえるのかといったデータ収集を行います。これは、研究における仮説の立案と、実験、観察、調査に相当します。さらに、それらの結果やデータを証拠として、理由を明示して、新しい販売手法を提案したり、新たな子どもへの関わり方を提起したり、あるいは「本校に攻撃的な子どもが多いわけではない」といった判断が導かれ、そもそもの誤解を解く方向を探ったりすることになります。これは、研究における「考察」に相当します。

　このように、研究の枠組みは、社会人になれば毎日のように繰り返し経験することといえます。これまでは、大学の卒業論文で初めて研究に取り組む人が多かったわけですが、探究や課題研究によって、高校の段階から取り組んでおけば、それだけ習熟の機会が増え、大きなアドバンテージになるわけです。

2 探究や課題研究を支える要素

　次に、探究的な学習を支える要素を考えてみましょう。ここには学術的な理論的背景が必要です。これを知ることで、探究や課題研究の意義が深まり、一段階レベルの高い指導や学習が可能となるのです。

　心理学の理論から考えると、探究的な学習を支える汎用的な要素として、「批判的思考」「メタ認知」「心の理論」の３つが鍵を握ります（山田・林, 2011）。このうち、批判的思考とメタ認知は、21世紀に求められる「資質・能力」とされ（国立教育政策研究所, 2016）、文部科学省や中央教育審議会が公開する資料（e.g., 楠見, 2012；文部科学省, 2016）でも取り上げられ

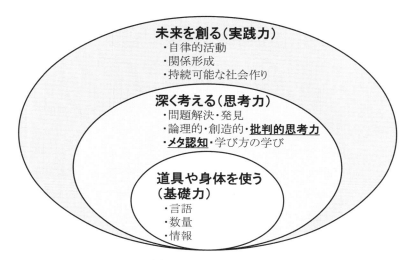

図1-3　21世紀に求められる資質・能力の構造
（国立教育政策研究所，2016を一部改変）

る機会が増えています（キーコンピテンシーといった別の学術的な理論的背景は，第2章をご参照ください）。

批判的思考

　批判的思考とは，英語のクリティカルシンキング（critical thinking）の日本語訳です。「批判的」という言葉から，相手を問い詰めるようなネガティブなイメージとして誤解されることがありますが，そのようなことはありません。批判的思考とは，「論理的，客観的で偏りのない思考であり，自分の推論過程を意識的に吟味する反省的思考」を指すのです（Ennis, 1987; 楠見ら，2012）。具体的には，決めつけた考え方をしないように，「何か不適切なところはないか」「なぜ，自分はこう思ったのか」「他には考えられないか」などと問い直すことが相当します（吉田，2002）。

　楠見（2011）によれば，批判的思考の本質は，以下にまとめられます。

　1つ目は，批判的思考とは，論理的・合理的思考であり，規準（criteria）に従う思考です。ここでの規準は，演繹や帰納などの論理操作，確率論や統計学，科学的手続きなどに依拠し，合理性，正確さ，客観性などが重視されます。

2つ目に，自分の思考過程を意識的に吟味する内省的（reflective）・熟慮的思考です。私たちは常に論理的に考えることができるわけではなく，規準からズレた「認知バイアス」が生じることがあります（バイアスとは，「偏り」を意味します）。自分の思考を内省的に振り返る（これには，後述するメタ認知が関わります）ことで，バイアスを修正し，偏りのない客観的な思考ができるようになるのです。

　3つ目に，批判的思考とは，目標や文脈に応じて実行される目標志向的思考です。批判的思考は，上記のように意識的に吟味し，内省的に行うものですので，労力のいることです。そこで，常に働かせるというよりも，目標に照らして，必要な状況で適切に働かせることが大切なのです。

　批判的思考は，図1-4に示すように，実際の問題解決に関わる能力やスキルである「認知的側面」と，批判的に考えようとする態度や志向性といった情意に関わる「非認知的側面」に分けられます。さらに認知的側面は，問題と結論，そして結論を支える根拠などを正しく理解する「明確化」，根拠となる情報源の信頼性や，実験や調査の手続きの妥当性などを考える「推論の土台の検討」，演繹や帰納などによって誤りのない結論を導く「推論」の3つのサブスキルで構成されます（楠見，2011；伊藤，2015）。これらのサブスキルは，扱う問題が理系的なものであれ文系的なものであれ，

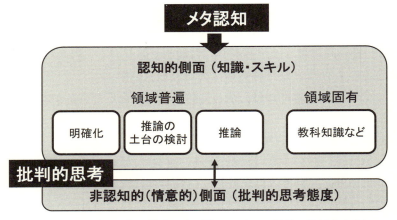

図1-4　批判的思考の構成要素（楠見，2011；伊藤，2015を改変）

その内容に関わらないため、領域普遍的なスキルと考えられます。

その一方で、認知的側面の処理が進む際には、その問題に関わる分野の領域固有的な知識も必要になります。たとえば、環境問題を扱っているときには、たとえ演繹や帰納といった領域普遍的なスキルを身につけていたとしても、環境に関する領域固有的な知識がないと、有益な結論を導くことは難しくなります。逆に、環境に関する領域固有的な知識を十分に持っていても、「明確化」「推論の土台の検討」「推論」といった領域普遍的なサブスキルをきちんと身につけていないと、的外れな結論を導いてしまったり、社会的に有害な結論を導いてしまったりすることになります（林, 2018）。この意味で、批判的思考を適切に働かせるには、基礎的な知識の習得、つまり理科や社会科といった教科の学習が大切になります。実際に、批判的思考力の高低は、教科の成績と正の相関を示します（第9章参照）。

さらに、批判的思考が働くためには、そもそも物事を批判的に考えようとする態度や志向性が必要で、ふだんから批判的思考態度を有することが欠かせません。これが批判的思考の非認知的側面です。この点について、SGH指定校における調査で、批判的思考態度の高まりとともに、探究的な学習スキルが高まっている知見も報告されています（楠見, 2016）。

メタ認知

探究や課題研究において批判的思考が適切に働くためには、「自分はこの問題に対する知識を十分に持っているかを判断する」「今考えている方法で、解決できそうかを吟味する」といったように、当該の問題や状況を、自分や人間一般の認識や特性と照らし合わせて、一歩離れた部分から冷静にとらえることが求められます。これが「メタ認知（metacognition）」と呼ばれる心の働きです（図1-4）。

メタ認知とは、「認知に関して、認知する」ことを指します。認知とは、見たり聞いたりして情報を得る「知覚」、情報を心（頭）の中で保持する「記憶」、情報に基づいて考えたり判断する「思考」などを指す広い概念です。上記の「自分はこの問題に対する知識を十分に持っているかを判断する」という例は、認知（記憶）を認知する（判断する）ことですので、メ

表1-1　メタ認知の分類（三宮，2008を参考に単純化した）

メタ認知的活動	モニタリング： 　認知状態についての気づき，確認，評価（「私は今，相手の話をすべては理解できていない」）など
	コントロール： 　認知の目標の設定や修正（「相手が求めていることを聞き逃さないようにしよう」）など
メタ認知的知識	自分自身の認知についての知識： 　「私はメモをしないとすぐに忘れてしまう」，「私は批判的に物事を考えるのが苦手だ」など
	人間一般の認知の特徴についての知識： 　「比喩を使うと，難しいことでも伝わりやすくなる」，「自分の考えに沿った情報ばかりに目を向けやすい」など

タ認知といえるのです。

　メタ認知の働きは，大きく2つに分けられます（三宮，2008）（表1-1）。第1は，自分の認知状態に気づいたり（モニタリング），目標を設定・修正したりする（コントロール）もので，これらはまとめて「メタ認知的活動」と呼ばれます。第2は，ふだんの学習や経験などによって蓄積されていく「メタ認知的知識」です。たとえば，「私はメモをしないとすぐに忘れてしまう」といった自分自身の認知についての知識や，「比喩を使うと，難しいことでも伝わりやすくなる」といった人間の認知の一般的傾向についての知識のことです。メタ認知が適切に働くには，活動と知識の両面がかみ合うことが大切です（Dunlosky & Metcalfe, 2009；山田・林，2011）。

　探究を行う上で，メタ認知を適切に働かせることが欠かせません。たとえば，課題研究で「問題を見つける」場面一つとっても，「自分が今，何をどこまで知っているのか，理解できているのかを把握する」（これらはメタ認知的活動に相当します）ことが不可欠です。これができないと，既に知っていることを調べるのに時間を費やしたり，関係のない先行研究を探し求めたり，といった無駄が生じます。分析や考察においても，「自分がどの

ような点に引っかかりやすいか」であったり,「私たちは自分の考えに沿った情報ばかりに目を向けやすい」(「確証バイアス」[※2])といった考え方の癖を身につけていて(これらは,メタ認知的知識に相当します),実際の分析や考察の場面でそれらを思い出し,注意する(これがメタ認知的活動に相当します)ことで,より客観的でバイアスのない思考ができるのです。

　しかし,生徒が自分や人間一般の考え方の癖に自力で気づくことは困難です。ここに教員の役割があります。教員の方が生徒より人生経験が豊富ですから,(ふだん意識しているかどうかは別として)メタ認知的知識もそれだけ多く持っていると考えられます。自分自身の経験も参考にしながら,「人間って,偶然を無視しやすいんだよ」とか,「都合の良い情報だけ目を向けていない？　それって,確証バイアスって言うんだよ」などと言って,メタ認知的知識を教えてあげたり,メタ認知的活動が適切に働く機会を設けたりしていくことが有益になるのです。また,「ここまで理解できている？」とか,「今何を考えているのか言語化してみよう」といったように生徒が自身の認知状態に注意を向けるような指示を与えていくことも大切です。このように,振り返り(リフレクション)や議論(ディスカッション)の機会を設けることが大切なのです。内省や他者からの指摘で初めて自分の認知傾向や人間の認知の特徴に気づけることが多いからです(メタ認知の発達や教育については,林(2016)も参照)。

心の理論

　探究的な学習を支える3つ目の要素は,「心の理論(theory of mind)」です。心の理論とは,ある行動を,「しようとする」(意図),「したい」(欲求／願望),「思っている」(信念),「知っている」(知識)などといった心の状態によって理解する枠組みを指します。「理論」というと,難しく感じますが,私たちは,「自分がこう言ったら,相手はこう感じるだろう」とか「相手がそう言うからには,こうしたいのだろう」といったことを考えながら,他者と関わっています。言い換えれば,私たちは心の働きについてさ

[※2] 確証バイアスとは,認知バイアスの1つで,自分の関心に合う情報や都合のよい情報ばかりに注意が向いてしまう傾向を指します。

まざまな知識を身につけており，それを使って相手の気持ちを考えたり，次の相手の行動を推測したりしています。このように，心の働きについて知識がまとまっているので，「理論」と呼ばれるのです（林，2016）。

とはいえ，堅い言葉でもあるので，ここでは「他者の視点に立ったり，他者の心の状態を推察すること」と単純化して考えても良いでしょう。他者を助けたり，逆に欺いたりできるのも，他者の心の状態を推測できる，つまり心の理論を働かせるからこそ可能になることなのです。

心の理論は，幼い頃から発達するものなので，高校生にもなれば，個人差はあっても心の理論を「持っている」はずです。しかし，それをいつも「適切に働かせている」わけではありません。教員であれば，意味の通らない言葉遣いのレポートを採点したり，独りよがりのプレゼンテーションをする生徒に必ず出会っていると思います。これらは，「他者（レポートの読み手やプレゼンの聞き手）がどう感じるのか」に注意が向いてない，つまり心の理論が適切に働いていないわけです。ここに教員の役割が求められます。読み手や聞き手，すなわち他者のことを意識しながら，「この用語はわかりにくいな」とか「早口になっていたり，わかりにくい説明になっていたりしないだろうか？」と注意を向けさせる指示を生徒に与えるわけです。高校生になれば通常は心の理論が十分に発達している年齢ですので，ちょっとした言葉がけにより，それを働かせることができるはずです。

批判的思考力は伸ばせるか

批判的思考力を伸ばすことはできるのでしょうか。答えは「Yes」です。なぜなら，批判的思考はスキルと態度で構成されるので，意識して訓練すれば向上するからです。具体的な方法として，次の3つが考えられます。

第1は，「批判的に考える方法を身につけてもらう」ということです。たとえば，探究という学習活動を有名にし，国公立大学を中心に進学実績を飛躍的に高めた京都市立堀川高等学校では，「探究基礎」という授業で，HOP（1年前期），STEP（1年後期），JUMP（2年前期）の3つのステップによる探究の指導が行われています（飯澤，2016）。具体的には，HOPで，『大学生のためのリサーチリテラシー入門』（山田・林，2011）を用いなが

ら，「研究の型」を学び，批判的思考を身につけます[※3]。それが，STEPでの少人数講座（ゼミ）を経て，JUMPでの実験や調査の実施と発表，論文の執筆につながっています。

本書の「実践編」で詳述する神戸大学附属中等教育学校でも，4年生（高校1年生に相当）から，前述の山田・林（2011）を共通テキストとして，「事実と意見の区別」「事実の切り取り（書き手が都合の良い事実だけを報告していること）」「指標は妥当か？」「データの見せ方の嘘」といった批判的思考を働かせるポイントを学んでいます（第3章参照）。こうしたポイントは，生徒が自力で身につけるのは難しいことです。だからこそ，堀川高校や神大附属のような体系だった教育が大切になるのです。

批判的思考の教育には，複数のアプローチがあることが知られています（Ennis, 1989；楠見，2011；道田，2015）。1つ目は，ジェネラル（general）アプローチです。これは領域普遍的で転移可能なスキルをライティング・リーディング，論理学などの授業で教え，専門領域への転移を目指すものです。2つ目は，インフュージョン（infusion：導入）アプローチで，これは既存の科目で批判的思考のスキルを明示的に教えるものです。3つ目は，イマージョン（immersion：没入）アプローチで，批判的思考を明示的に教えなくても，学習者が専門に没入することでスキルの獲得を目指すものです。大学の卒業研究など伝統的な教育が当てはまります。この他に，これらをミックスしたアプローチも存在します。

この分類を基にすると，多くの高校での探究の指導は，イマージョンアプローチとなるでしょう。これに対して，堀川高校や神大附属などで行われている探究や課題研究は，インフュージョンアプローチの要素が入ったイマージョンとのミックスアプローチと言えるでしょう。前述のように，中等教育の段階で，生徒自らが批判的思考のスキルや態度を身につけていくのは難しいため，批判的思考の理論に沿うインフュージョンアプローチ

※3 「リサーチリテラシー」のことを，谷岡（2000, 2007）は，社会調査の文脈で「事実や数字を正しく読むための能力」と呼んでいますが，山田・林（2011）では，もう少し広く「調査をはじめ，研究を遂行するために必要な基礎的能力」ととらえ，8つの力「聞く力」「課題発見力」「情報収集力」「情報整理力」「読む力」「書く力」「データ分析力」「プレゼンテーション力」に整理しています（林・山田，2012）。

が含まれた形で探究を指導するのは理にかなっていると考えられます。

　批判的思考力を伸ばす第2は，基礎学力を高めることです。批判的思考の認知的側面の最初のステップは「明確化」でした。相手の考え（発言や書いていること）を無視した批判は，単なる「言いがかり」になってしまいます。相手の発言や記述を正しく把握（明確化）するには，基本的な国語力や領域固有（教科）の知識といった基礎学力が必要となります。また，前述のように，たとえば「環境」のことを論理的に考えられるようになるためには，社会科や理科といった教科の知識が不可欠です。これらの知識や情報が十分になければ，たとえ汎用的な論理的思考力が高くても，環境という領域固有のテーマや問題を論理的に考えることは困難となるのです（批判的思考力と学力の関連は，第9章を参照）。

　第3は，批判的に考える態度を身につけさせることです。批判的思考が働くためには，スキルのみならず態度が重要であることを述べました。批判的に考えることの重要性に気づき，そのように考えたいという態度や傾向性，心構えです。この態度を育むには，ふだんからの学校の雰囲気作りが欠かせません。たとえば，生徒が頻繁に通りかかる廊下に，研究発表会で使った先輩のポスターをはっておく，「確証バイアスに注意しよう！」といったメタ認知的知識につながる言葉を教室の壁にさりげなく掲示しておく，といった一見何気ないことが効果を生みます。また，発表会を定例化（第7章参照）していくと，しだいに探究的な活動が定着します。実際に，神大附属では，研究することが当たり前となり，学校文化となっています。

3　課題研究の進め方

　それでは，中等教育（高校）段階で，どのような研究が望ましいのでしょうか。また，どのような指導のポイントがあるのでしょうか。ここでは，神大附属での課題研究（卒業研究）を参考に考えてみましょう。

研究の型（研究の枠組み）の大切さ

　たとえば，第10章のポスター例④「学校机における使用済み雑巾の水拭

き清掃の課題と改善―菌の視点から―」の研究の問題意識は，本人が教室清掃の当番の際，雑巾で机の拭き掃除をしているときに，「これは本当に机をきれいにしているのだろうか」とふと思ったこと（個人的な疑問）に始まります。この生徒は，いろいろ調べてみたところ，家庭の衛生対策の研究を見つけ，台ふきんには多種類の菌が存在していることを知りました（先行研究のレビュー）。学校机は昼食を食べる台でもあるため，家庭における台ふきんは学校における雑巾に相当します。そこで，さらに先行研究にあたり，使用状態と水分量が，清潔さに影響を与えるのではないかと考えました（方法の立案と仮説の設定）。

次に，教室の机を使って実証的に調べました（実験の実施）。標準寒天培地を使用したコロニー数を指標としたうえで，使用済み雑巾と未使用雑巾を用意し，それぞれ乾拭きと水拭きの条件を設定して，清掃前と清掃後のコロニー数を比較しました。その結果，使用済み雑巾の水拭きでは，清掃後にコロニー数が増加していることが明らかになりました。このことから，「ふだんの使用済み雑巾の水拭き清掃では，机をきれいにするのではなく，より汚くしている」という衝撃的な結論を導きました（分析と考察）。

この研究の優れた点は，「学校机の拭き掃除はきれいにしているのか」という個人的疑問を，「環境美化に意味のある方法（清潔にするための清掃方法）の探究」という多くの人にとって有益な社会的問題にうまく展開し，複数の条件を用意して比較するという科学的な（学術的な）手続きをとって検討したことにあります（第8章「卒業生の振り返り（6）」参照）。

文系的テーマの研究でも同様です。第10章の卒業論文例①「若者の投票率を上げるための政治教育とは」の研究の問題意識は，本人がアメリカから帰国して，周りの友人の選挙や政治に対する関心の低さに驚いたという個人的経験に始まります（第8章「卒業生の振り返り（4）」参照）。この生徒は，それを「若者の投票率を上げるにはどう教育すれば良いか」という社会的意義のある問題に展開し，「思いつき」で提案するのではなく，模擬選挙による優れた実験結果を証拠として考察を進め，具体的な教育方法として「時事問題に興味を持てるような授業を展開すること」「生徒が考えを確立させる場を提供すること」「多元的な情報を与えること」が挙げられ

るという結論を導いている秀逸な論文です。

　これらの研究には，指標の多様性，条件の精密な設定など，細かい点の精度を高め，改善すべき点はいくつもあります。しかし，それらは大学に進学した後に学び，解決していけばよいレベルとも思われます。すなわち，これらの研究は，学術的に重要な点を踏まえており，ａ）問題の提起，ｂ）理由を示しながら結論，ｃ）理由を裏付けるための証拠の提示，という3点（図1-2）がすべて含まれており，「研究の型」（研究の枠組み）ができているといえます。

　「研究の型」は，どのような内容の研究にも共通し，優れた研究を生み出す基本です。しかし，それを生徒が自力で身につけるのは難しいことです。そこで，中等教育段階での探究では，「研究の型ができている」かどうかを指導の基本に据えるのが1つの方向性として重要と考えられます（林，2018）。実際，前述のように堀川高校では，「探究基礎」で徹底して型を教えることから始められます（荒瀬，2009；松田ら，2009）。神大附属でも，第3～5章で紹介するように，「研究の型」の指導が重視されています。

課題研究の指導の注意点

　ここまで述べてきたことを踏まえて，探究や課題研究の指導のポイントを見てまいりましょう（ここでは，主にテーマや問題の立て方を議論します。探究の企画と実践や評価の注意点などは第2章をご参照ください）。

　第1は，1節で述べたように，取り組む研究は，個人的な関心ではなく，社会的に意味のあるものにすることです。もちろん，物事に対する疑問の芽生えは，多くの場合，個人的な関心から始まります。「どうしてこうなっているんだろう？」「これって何？」といった素朴な個人的関心を持てるような教育や環境の整備がとても大切です。と同時に，その個人的な関心や問いを，多くの人に関わる社会的な問題へと展開することが大切です。

　第2は，期限までに何らかの答えが出る問題を設定するということです。問題には，答えの出るものと答えの出ないものがあります。上野（2018）は，社会科学は形而上学ではなく経験科学であるため，「神は存在するか？」といった検証も反証もできない公準命題のような問いや，「人生に生

きる意味はあるか？」といった答えの出ない問いは立てないことを紹介しています。「神は存在すると考えるのはどのような人々か？」とか「どういう条件が揃えば，人生に生きる意味を感じるのか？」といったように，検証や反証が可能な形の問題設定に展開することが重要です。

　また，課題研究には「締切」があります。たとえば「デフレを脱却したときに，人はどう行動するか？」というように検証や反証が可能な形であっても，いつ起こるかもわからない問題に取り組むことは，何もできなくなるという危険性が伴います。脳損傷の人が物事をどう認識しているかを調べることは大事なことですが，そのような人を調査の協力者として見つけ出すことは，一般の高校生では困難です。仮に調査ができても，そのデータを公開することができるのかどうか倫理面でも問題が生じるかもしれません。「手に負える問い」を立てることが重要です（上野，2018）。神大附属の課題研究においても，第5章の理系指導で「実現可能なテーマになるように指導」されている様子が触れられていますが，これが重要です。

　第3に，研究テーマを俯瞰的に見て，問題サイズを小さくして具体化することが大切です。高校の課題研究のテーマとしてありがちなのが，「環境問題」「グローバル化」といった大きな問題設定やキーワードです。これらはどれも大事なテーマであり，人類にとって解決すべき社会的な意義のある問題がたくさん含まれています。しかし，これらはいずれも問題サイズが巨大なため，多くの要因が絡み過ぎていて，1つの研究で問題を解決することは，プロの研究者でも困難です。そのまま漠然と扱ってしまうと，結局，問題解決になっていないか，何らかの調べ学習に終わってしまい，導かれる結論も，「誰でも（道徳的に／常識的に）望ましいと思う（現実的にも実現困難な）提案」になってしまいがちです（林，2018）。

　「環境問題を解決するには？」「平和な社会を生みだすには？」といった，誰でもすぐに思い浮かぶ大きな問題解決だけが社会貢献ではありません。「小さすぎる」テーマと感じても，「多くの人」に役立ちそうであれば，十分に社会的に意義があるといえるのです。実際に，プロの研究者が獲得する科学研究費補助金のデータベースで，研究タイトルを見ても，「低環境負荷型技術への実践的活用に向けた高メタノール環境適応Ｃ１酵母の戦略

的育種」「自閉症の特異な触覚時間分解能を担う認知神経回路のモデルマウスによる解析」といったように，焦点を絞って，検証可能な小さなサイズの問題設定にしていることがわかります。前述の「学校机における使用済み雑巾の水拭き清掃の課題と改善」や第10章の卒業論文例④の「浴槽にお湯をはらない期間が追い炊き配管内の菌の増加量に及ぼす影響」といった研究も，一見小さなテーマに見えますが，環境問題に関連した社会的意義のある重要な結論を見出していることがわかります。

　このように「個人的関心を社会的な問題に展開する」「検証や反証が可能な形で何らかの答えが出る問題を設定する」「俯瞰的に見て，問題サイズを小さくしつつ具体化する」に共通することとして，物事を多面的にとらえる批判的思考が必要です。また，自分の物事の考え方や癖に意識を向けるメタ認知を働かせることが大切です。2節で述べたように，批判的思考やメタ認知を高めるのは生徒自身では難しいことです。その一方，繰り返し体験することで，それらの力は高まります。つまり，教育が大切なのです。神大附属の課題研究においても，実践編の第4章と第5章で紹介されているように，生徒が実現可能な社会的に意義のある問題を設定し，その問題を展開しながら具体化するよう指導され，それを通じて批判的思考やメタ認知の力が高まっている様子がわかります。

　これまで日本の児童・生徒の特徴として，定型問題を解決する「できる学力」は高いが，解決方法がひとつに定まらない非定型問題を解決する「わかる学力」が相対的に低い（藤村，2018）ことが知られてきました。現代はグローバル化が進み，人工知能（AI）がすさまじい勢いで発展しています（第2章参照）。現在（2019年）学んでいる生徒が大学に進み，社会に出る5年後，10年後には，非定型な未知の問題に直面する機会がますます増えることでしょう（藤原，2017）。近年，大学入試も知識偏重のスタイルからの脱却が議論されています。そのような社会で生き抜き，広く社会に貢献できる人間となっていくために，中等教育（高校）の段階から，課題研究といった探究活動をすることは，「わかる学力」を高める上でも大きな強みとなります。「探究」の優れた方法を，教育実践をふまえて探究していくことが，教員や研究者に求められています（林，2018）。

第2章 新しい学びとしての探究

1 はじめに

　新指導要領の概要が発表されるや,「探究」への関心が一気に高まりました。高校では,理科と数学の垣根を撤廃した「理数科」という新科目において,探究的学びを行うこととされています。さらには,国語や社会においても,「古典探究」や「日本史／世界史／地理探究」といった新しい科目が誕生します。また,これまでの「総合的な学習の時間」も衣替えされ,「総合的な探究の時間」となります。

　こうした国全体の方針の影響もあり,現在,多くの教師が,自身の授業や教科単位・学校単位での探究活動の導入を真剣に考えるようになっています。しかし,なぜ探究が今になってクローズアップされるようになったのか,探究活動の進め方にはどのようなやり方があるのか,探究活動のテーマはどう決めればよいのか,児童・生徒の探究活動をどう指導すればよいのか,探究活動の成果をどう評価すればよいのか,といった点についての情報は少なく,導入の必要性を理解しつつも,戸惑いを感じている現場の教師も少なくないようです。

　こうした状況をふまえ,本章では,以下,高等学校における探究活動を念頭に,「探究導入の背景」「探究とは何か」「探究活動の企画と実践」の3点について解説を行います。

2 探究導入の背景

　探究という新しい学びの形が模索されるようになった背景には,機械化と合理化の進展の中で,旧来の教育が育成してきた能力の通用性が低下し,一方で,旧来の教育でカバーできていない能力の必要性が高まってきたという現実があります。この点を正しく理解することが,学校現場で探究を導入する前提となるでしょう。

機械化で消える仕事

　これまでの教育では，知識を蓄え，その活用力を磨くことに主眼が置かれていました。英語を例にすれば，単語や文法をたくさん覚え，和訳や英訳がうまくできるようになることが目指されていたわけです。ゆえに，大学入試の英語の問題では，今も，和訳や英作が多く出題されています。

　ある大学は，数年前の入試で，「逆説的なことだが，言葉による完全な表現を断念した人間だけが，豊かな言葉を獲得してゆくことができる」という日本語を英訳させる問題を出題しました。英語にしにくい凝った日本語で，受験生もさぞや苦労したことと思われます。

　ここで，試しに，この日本語をGoogleの翻訳サービスに処理させてみましょう。すると，瞬時に以下の英文が出力されます（2018年9月28日検索）。

　As a paradoxical thing, only people abandoning complete expression by words can acquire rich words.

　満点とまではいかないかもしれませんが，驚くべきことに，十分に意味の通じる英語が出てきます。簡易なパンフレットや報告書を英語で作る場合なら，もはや翻訳者を雇って英語にしてもらわなくとも，Google翻訳だけで事足りるかもしれません。

　Google翻訳は，数年前までは精度が低く，その「トンデモ訳」が笑い話の種にはされても，実用には程遠いレベルでした。しかし，AI（人工知能）にディープラーニング（膨大なデータからコンピュータ自身が自律的に学習し，アルゴリズムを自己開発・更新する）を行わせるという新しいアプローチによって精度が一気にあがり（ガリー，2018），今では，Google翻訳の精度は大半の大学生の英語力を凌駕しているとも言われます。

　この例が示すように，近年の技術革新のスピードは目覚ましく，単純で機械的な作業系の労働だけでなく，かつては人間にしかできないと広く信じられていた高度な思考や判断までをも機械が代行するようになりつつあります。Frey & Osborne (2013) は，統計学的推論に基づき，近い将来，電話販売員，機械工，保険業者，時計修理工，レストランのフロア担当，ス

ーパーのレジ担当，スポーツの審判，銀行の融資担当者，ネイリスト等，幅広い仕事が機械に置き換えられて消滅するだろうと予測しています。また，両者によれば，翻訳業は，すぐには消滅しないものの，機械によって置き換えられる確率が38％と見積もられています。

必要とされる新しい能力

　今や，ほしい情報の大半は，授業に出て先生から教わらなくとも，WikipediaやSNSから即時に得られます。また，そうした情報をAIに処理させれば，加工や分析，さらには複雑な解釈まで機械が代行してくれます。便利だけれど空恐ろしくもあるこのような社会において，人間に求められる能力とはどのようなものでしょうか。

　すでに述べたように，学校は，伝統的に，科目の知識や技能を授ける場であり，多くの知識を効率的に習得し，知識を活用する技能を磨き上げることが学習の目標とみなされてきました。しかし，少し先の未来では，こうして培った能力でこなすはずの仕事の大半は，機械が，人間より速く，正確に，そして，圧倒的な低コストでやってのけるのです。

　この気づきは社会の各層に大きな衝撃を与え，それぞれが，従来の知識・技能に代わる新しい能力観を模索するようになりました。文部科学省は，早くも1990年代の後半に，狭義の知識にとどまらない新しい学力の必要性を指摘し，それを「生きる力」と呼びました。また，2000年代に入ると，とくに産業界で必要となる力が議論されるようになり，内閣府は「人間力」という概念を，経済産業省は「社会人基礎力」という概念を，文部科学省は「就業力」や「基礎的・汎用的能力」という概念をそれぞれ提唱しました（松下，2010）。

　海外でもこうした新しい能力観は一般的になっています。経済協力開発機構（OECD）が世界の主要国で実施しているPISA（Programme for International Student Assessment）と呼ばれる学力調査には，「読解力」「数学的リテラシー」「科学的リテラシー」の3分野がありますが，いずれにおいても，知識の有無を問うだけの問題はなく，与えられた複数の資料を自分なりに読み込み，そこから正確に情報を抽出し，それを使って論理的な推論

を行えるかどうかが診断されています。

　以上で述べた様々な能力は，特定の科目に限定されるものではなく，包括的で（generic）基盤的（key）なものであるため，一般に，「ジェネリックスキル」や「キーコンピテンシー」等と総称されています。

新しい能力としてのキーコンピテンシー

　教育現場では，科目の知識を越えたキーコンピテンシー（基礎的・汎用的な能力）の涵養の必要性が広く認識されるようになってきました（石川, 2016b, 石川, 2017）。では，キーコンピテンシーとは，具体的にどのような能力を指すのでしょうか。

　前出の経済協力開発機構は，キーコンピテンシーの主たる構成要素として，「社会・文化的，技術的ツールを相互作用的に活用する能力」「多様な社会グループにおける人間関係形成能力」「自律的に行動する能力」の3つを挙げています。これらはキーコンピテンシーのコア能力と言えます。

　もっとも，キーコンピテンシーには，上記に限らず，様々な能力が直接・間接に関係します。ここでは，キーコンピテンシーに関係すると思われる要素を，「機械に負けないための力」と，「機械に打ち勝つための力」に大別して整理してみましょう。

　機械は疲れを知らず，与えられたタスクを着実に遂行します。こうした機械に負けないためには，人間の側にも，飽きずにやりぬく力（継続力），自分の気持ちをうまくコントロールする力（自己調整力），自分の行為を客観的に見つめなおす力（客観的思考力・メタ認知力）が必要になるでしょう（メタ認知については第1章参照）。

　一方，機械は，命じられれば命じられたように働きますが，機械そのものが解決すべき問題を自発的に探すということはありません。また，他者との交流によって情報を増やしたり，他者との連携によって斬新なアイデアを生み出したりして，問題の解決をはかるということもありません。こうした機械の弱点を超え，機械に打ち勝とうと思えば，人間の側には，人や教師に指示されずとも自発的に学ぶ力（自律的学修力），身近な周囲をよく観察し，そこに潜む問題や課題を鋭敏に探り出す力（問題発見力），様々

な情報をうまく集めて活用する力（情報活用力），自身の思考内容をわかりやすく言語化して人に伝達する力（発信力），他の人と協力する力（交渉力・人間関係力・協働力），様々な人々の立場を想定して自身の思考を批判的に練り直していく力（多元的思考力・批判的思考力・内省的思考力），常識にとらわれない斬新なアイデアを創案する力（発想力），これらをふまえ，社会の複雑な問題を実際的に解決していく力（問題解決力）が求められると言えるでしょう（批判的思考力については第1章参照）。多くの職業が機械に代替されていく中で，人間に求められるのは，まさにこうした力なのです。

キーコンピテンシーとアクティブラーニング

　学校現場では，こうした新しい能力を育てるために，すでに，様々な教授の工夫が試みられています。ここでは，新指導要領でも重視されている「アクティブラーニング」という教授理念について概観しておきましょう。探究活動はアクティブラーニングの一形態と見ることもでき，探究・アクティブラーニング・キーコンピテンシーという3つの概念は密接に関係しています。

　表2-1は，アクティブラーニング（active learning）の代表的な定義を示したものです。これらはアクティブラーニングの異なる側面をそれぞれ強調していますが，実際のところ，言わんとする内容は同じです。要約すれば，アクティブラーニングとは，何らかの活動やタスクを手段として用いることで，生徒の認知的な活性度や学習への主体的関与度を高め，それによって，「汎用的能力」，つまりは，キーコンピテンシーを涵養する教授や学習の総称と言えるでしょう。

　アクティブラーニングに関しては，技術論や方法論ばかりに目が行きがちですが，真に重要なのは，学びの表層（どんな活動・タスクをするか）よりも，学びの深層（それによって実際に生徒の思考が深化し，結果として，キーコンピテンシーの開発が行えているかどうか）の側です（石川，2016a）。とくに後者を強調して，ディープ・アクティブラーニングという呼び方もなされています（松下，2015；Ishikawa, 2017）。

表2-1　アクティブラーニングの定義

提唱者	定義
中央教育審議会（2012）	教員による一方向的な講義形式の教育とは異なり，学修者の能動的な学修への参加を取り入れた教授・学習法の総称。学修者が能動的に学修することによって，認知的，倫理的，社会的能力，教養，知識，経験を含めた汎用的能力の育成を図る。発見学習，問題解決学習，体験学習，調査学習等が含まれるが，教室内でのグループ・ディスカッション，ディベート，グループワーク等も有効な…方法である。
Prince（2004）	生徒を学習過程に関与（engage）させる。生徒に意味のある学習活動を行わせ，自分のやっていることについて考えさせる。
須永（2010）	能動性，関与性，アクティビティ性，高次のアカデミックスキル性，精神的活動性，心理的関与性，主体性，当事者意識，自律性などを重視する学習法のすべて。

　新指導要領は，アクティブラーニングを「主体的・対話的で深い学び」と位置付けており，各教科の指導では，断片的な知識・技能を教えて終わりとするのではなく，習得→活用→探究という指導過程の中で，「各教科等の特質に応じた物事を捉える視点や考え方」を身につけさせ，それによって「知識を相互に関連付けてより深く理解したり，情報を精査して考えを形成したり，問題を見いだして解決策を考えたり，思いや考えを基に創造したりすることに向か」わせるべきであると指摘しています（小学校学習指導要領1章3-1）。指導要領の文言は，アクティブラーニングが真に目指すべき地点を明確に示しています。

　アクティブラーニングの一環としてなされる活動やタスクは，その目的に真に合致したものである必要があります。生徒がどんなに楽しく活発に

表 2-2　アクティブラーニングで行う活動のチェックリスト

観点	概要
Motivation (M)	動機：生徒の動機が伴う活動になっているか
Activity (A)	活動：目的や成否が明確な活動になっているか
Reality (R)	現実性：生徒の現実に適合した活動になっているか
Cooperation (C)	協働性：他者との協働を引き出す活動になっているか
Higher-order thought (H)	高次思考：深い学びや思考を引き出す活動になっているか

活動しているように見えても，それが「深い学び」やキーコンピテンシーの開発に寄与していなければ，その活動の意義は限られます。そこで，筆者は，中学校や高校の教員研修において，アクティブラーニングで行う活動やタスクの適切性を検証するための「MARCH チェックリスト」を提唱しています（表2-2）。

アクティブラーニングには様々な活動やタスクが想定されますが，MARCH の観点をすべて満たすものは多くはありません。たとえば，国語の授業で「小説の登場人物の気持ちになって話し合ってみよう」と言われても，そもそも小説の世界は生徒の現実から遠く，あえて話し合いをする動機も生徒側にはなく，また，話し合いの結果，どうなれば成功でどうなれば失敗なのかもはっきりしません。結果的に，生徒はおざなりな意見を述べ合って時間を潰すだけで，「深い学び」が起こる高次思考のレベルに達することはまれです。

このように考えてくると，取り組むべき明確なテーマを決め，調査や実験を行い，その結果を他者に報告し，フィードバックを受けて考察を深め，最終的な提言や主張を行う探究活動は，アクティブラーニングの理想的な形態の1つであることに気がつきます。実際，探究には，中央教育審議会答申に示された要素がすべて含まれます。また，指導要領においても，探究は，習得・活用・探究という学習プロセスの終点に位置付けられており，それによって「主体的・対話的で深い学び」に到達できると考えられてい

ます。次節では，アクティブラーニングの実践形態としての探究活動の具体的な中身について考えていきましょう。

3 探究とは何か

探究活動の定義

　教育学では専門用語が幅広い文脈において様々なニュアンスで使用されることが珍しくなく，これは「探究活動」にも当てはまります（用語の問題については第1章参照）。最も広くとらえた場合，探究とは，生徒自身が何らかのテーマについて調査や研究を行うことを総称します。とはいえ，趣味について個人的に調べたものや，宿題の一環として，ネットの情報を切り貼りして作った簡易なレポートのようなものを探究学習と呼ぶことには違和感があります。

　文部科学省は，「総合的な学習」についてのガイドの中で，探究活動を，(1)課題設定（体験活動などを通して課題を設定し課題意識をもつ），(2)情報収集（必要な情報を取り出し収集する），(3)整理・分析（収集した情報を整理・分析して思考する），(4)まとめ・表現（気づきや発見，自分の考えなどをまとめて判断し，表現する）という4つの「問題解決的な活動が発展的に繰り返されていく一連の学習活動」と定義しています（第1章図1－1参照）。

　そこで，本章では，上記の視点もふまえ，(1)教師の一定の管理の下で，(2)一定の期間にわたって反復的・体系的に取り組まれ，(3)教師が知識を一方的に教え込むのではなく，(4)生徒自身が一定の自由度を持って主体的に課題に関わり，(5)生徒のキーコンピテンシーの育成を主たる目標としてなされるものを「探究活動」と定義することにします。

探究活動のタイプ

　学校で行う探究活動は，規模の点で，いくつかのタイプに区分することができます。ここでは，小規模なものから大規模なものまで，3つのタイプを考えてみましょう。

(A)教員単位で各自の授業内で行う探究活動
(B)教科単位で教科指導の一環として行う探究活動
(C)学校単位で教科の枠を超えて行う探究活動

　(A)は，教師個人が自身の授業内で行わせる探究活動です。たとえば，歴史の授業では，それぞれの時代状況について学びますが，たいていは，教科書の内容の表面的な理解と，年代や事項の暗記で終わってしまいます。このとき，教師が，単元内容に関連した課題を設定し（例：「授業で学んだ明治期文化の中で関心があるものを1つ選び，その内容を調査して報告する」など），生徒に調べ学習を行わせ，その結果をプレゼンテーションさせるようにすれば，通常の授業の枠内に探究学習の要素を取り込むことが可能になります。(A)のタイプの探究活動は，教員個人の判断によって1回単位で導入できるという利点がある一方，体系的な取り組みが行いにくく，他の教員が担当するクラスとの間で進度のずれが生じ，生徒の不満が出る可能性もあります。
　(B)は，以上のような取り組みを，個々の教員レベルではなく，教科担当者全員の共通理解のもとに全体的・体系的に行うというものです。(A)と異なり，対象となる生徒全員が等しく探究活動を行うことになるため，生徒間の指導のアンバランスが解消されるほか，授業の設計や生徒の調べ学習・成果発表に対する指導のあり方，また，最終評価の方法に関して，教員間の討議によってブラッシュアップすることができ，探究活動と授業の質を一体的に向上させていくことが可能になります。一方，学校全体で見た場合，探究に熱心な教科とそうでない教科が出て，校内で指導の足並みがそろわない可能性があります。たとえば，従来型の指導をしている他の教科の教員や保護者から「XX科は生徒を遊ばせている」といった批判が出るケースも想定されます。また，探究指導では，扱う内容を自由に掘り下げていくことになりますが，その際，当然ながら，他教科の専門家の力を借りたい場面が出てきます。しかし，探究の取り組みが教科内で完結している場合，他の教科の教員の協力を得ることは困難でしょう。この意味で，探究の深まりは物理的に制約されます。

(C)は，学校全体で探究活動の推進を理念として共有した上で，「総合的探究の時間」の枠組みや，あるいは，学校設定科目等の枠組みの中で，1学期間または1年間，あるいはそれ以上の時間をかけてじっくりと探究に取り組ませるというものです。探究活動が何らかの専門教科に従属しているのではなく，それ自身に教科に準じる位置付けを与えていることから，本章では，こうしたタイプを教科型探究指導と呼ぶことにします。(C)のタイプの探究活動は，生徒に「主体的・対話的で深い学び」を実践させ，教科の枠を超えたキーコンピテンシーを涵養するという点で大きな可能性を持っていますが，校内の合意形成が難しく，SGH（スーパーグローバルハイスクール）指定校などでの実験的な取り組みを除くと，実践の蓄積は圧倒的に不足しています。

　私見では，学校を取り巻く時代状況の変化や，新指導要領の理念をふまえると，今後の学校改革の中では，(B)や(C)のタイプの探究活動が一層重要になってくると考えます。次節では，実践例が少ない(C)のタイプの教科型探究活動について，その具体的な導入の方法を考えてみましょう。

4 教科型探究の企画と実践

探究プログラム開発のための8つの指針

　新たに教科（またはそれに準じる枠組み）として探究活動を導入しようとする場合，最低でも以下の8点について十分な検討を行い，校内の方針を統一する必要があります（表2-3）。

　まず，1点目については，各校の探究活動で目指すものを明確に決めておくことが重要です。(a)であれば，身近な問題をテーマとして，調査や実験のプロセスを一通り体験させることで，基礎的な思考力の育成を図ることに主眼が置かれます。一方，(b)であれば，先行研究を十分に吟味し，学術論文のテーマとなりうる適切な研究課題を選択させたうえで，校外の専門家の指導も受けつつ，科学的に厳密な形で調査や実験を遂行させることに重点が置かれます。実験群と統制群を比較するのであれば，単に平均値を比較して多い・少ないと結論するのではなく，最低でも，統計的な検定

表2-3 探究プログラム開発の上で検討すべき8視点

観点	具体的内容
1. 目標	(a) 一般的なキーコンピテンシーの育成（体験型）／(b) 大学での研究と連携した研究基礎力の育成（学術型）
2. 指導時間	(a) 正課授業時間／(b)正課授業時間外
3. 活動単位	(a) 個人／(b) グループ／(c) 個人またはグループ
4. 指導者	(a) 担任／(b) テーマを専門とする教員／(c) 外部専門家（大学教員，大学院生等）
5. テーマ	(a) 自由／(b) 狭い共通テーマ／(c) 広い共通テーマ
6. 中間発表	(a) 設定しない／(b) 中間論文／(c) 中間発表会
7. 最終成果物	(a) 論文／(b) プレゼンテーション
8. 評価	(a) 実施しない／(b)指導者個人評価／(c) 評価委員会による評価

を行い，差の有意性を確認する手続きが要求されるでしょう。

　(a)のような体験型探究活動か，(b)のような学術型探究活動か，学校の目指す探究活動のタイプをきちんと定めておかないと，個々の教員間や生徒間で受け止め方に齟齬が出て，後で多くの支障が出てきます。たとえば，(a)のタイプの研究を1年間がんばって行い，それなりの成果をあげた生徒に対して，(b)の観点から厳しい評価がなされたりすると，生徒の学習意欲や達成感は大きくそがれることになるでしょう。逆に，(b)を目指した探究に対して，(a)の観点での指導しか提供されないとすると，生徒の不満は高まるでしょう。学校として探究活動の目標をどこに置くかは，学校のミッション，地域における学校の位置付け，探究にかけられる物理的な時間と予算，外部専門家を含めた指導体制の有無，生徒のニーズ等を総合的に勘案して決定する必要があります。

　2点目の指導時間についても，事前に決めておく必要があります。SGH校等では，週に1時間程度を探究活動の時間として時間割内に確保している場合が多いですが，実際には，その時間だけで個々の生徒の指導を行うことは難しく，授業時間に加えて，放課後等を使って生徒の質問に答えた

り，進捗を報告させたりする必要性が生じます。その場合，クラブ活動等との調整が必要になってきます。また，学術型の探究活動を目指す場合は，さらに多くの時間を割く必要が生じます。

　3点目の活動単位については様々な考え方があります。(a)のように，個人で行わせる場合は，各自が好きなテーマついて好きな方法で研究できるので，研究意欲が高まり，より質の高い探究活動になる可能性がありますが，生徒にも，また，それを指導する教員にも相応の負担がかかってきます。一方，(b)のように，生徒をグループに組織する（たとえばペアや4人班等）場合は，生徒・教員の負担が軽減されますが，研究への意欲が下がりやすく，グループ内で負担の偏りが生じる危険性もあります。この点をふまえ，(c)のように，個人でやるか，グループでやるかを生徒に決定させるという対応も考えられます。

　4点目の指導者について，最も容易なのは，学級担任がクラスの生徒すべての探究指導を担うというやり方です。文系から理系まで，様々なテーマを一人の教員が見るのは大変に見えますが，体験型の探究であれば，専門的内容にあまり踏み込まず，一般的観点からの助言でよいので，担任の指導でも一定の成果を上げることが可能になります。また，中心となる指導は担任が行いつつも，専門的な内容については学年団のそれぞれの科目の教員に質問にいって助言をもらうような仕組みを組み込むのもよいアイデアでしょう。一方，学術型の探究を目指す場合は，担任がすべてを見るというのは難しくなります。この場合は，学年団の教員がそれぞれ自分の専門を生かした「ゼミ」を開講し，研究テーマに近いゼミにそれぞれの生徒を割り振り，以後の指導はホームクラスではなく，ゼミの単位で行うというやり方を取ることが一般的です。必要に応じて，外部の専門家の力を借りることもできます。

　5点目のテーマについては，(a)のように自由テーマとするか，あるいは，指定テーマにするかという決定が必要です。自由テーマには，生徒個々の研究意欲を引き出しやすいという利点がある一方，内容が拡散して指導が難しくなり，他者の研究内容に興味を持ちにくくなるという欠点があります。これに対し，指定テーマの場合は，全員が同じ内容を研究するので，

指導がしやすく，また，生徒同士で相手の発表を聞きあって自分の研究の改善につなげていきやすいという利点がありますが，与えられたテーマがやりたいことと異なれば生徒の意欲が減退しかねないという欠点もあります。この点をふまえ，指定テーマとする場合も，(b)のように，絞り込んだテーマ（例：「特定の国の社会問題を日本の技術で解決するためのビジネスプランの提案」「地域の名産品を特定の国に売り込むためのマーケティングプランの提案」等）を与えるだけでなく，(c)のように，大まかな方向性だけ示し（例：「地球と私たち」「地域と世界」「新しい時代への展望」等），細かいテーマは各自に決めさせることもあります。

　一般的に言えば，学術型の探究を個人単位でやらせる場合には自由テーマが，体験型の探究をグループ単位でやらせる場合には指定テーマが向いていると思われます。ただ，いずれのタイプで行くにせよ，テーマに関して重要なのは，テーマ決定の段階で教員が生徒と十分なやりとりを行い，適切なサポートを行うということです。生徒が出してきたテーマを変えさせたり，新しいテーマを与えたりすることについて抵抗感を示す教員は少なくありませんが，たとえば，大学院の研究指導でも，指導教員が学生の研究計画を大幅に変更させたり，研究テーマを学生に割り振ったりすることは珍しいことではありません。ましてや相手は高校生です。生徒の個性を尊重するという建前に固執し，はじめからうまくいきそうにないテーマをそのまま認め，1年間，実の出ない探究を行わせるのは，教育的にむしろ問題が多いと筆者は考えます。というのも，仮に教員からテーマをもらった場合でも，生徒が百人いれば百通りの展開があり，探究活動を進めていく中で，最終的には，どれもみな，個性がにじみ出た研究になるからです。

　6点目の中間報告についても様々な考え方がありますが，筆者が推奨するのは，できるだけオフィシャルな中間報告の場を設定することです。実際，保護者や地域の関係者などを招いた発表会等があれば探究の完成に向けて生徒の動機づけは大きく高まります。また，そうした場で，指導教員以外の幅広い聴衆から意見をもらうことができれば，自分の研究を他者の目で見つめ直し，足りないところを意識し，より良い探究完成のための貴重な助言とすることが可能です。この意味では，アドバイスをもらっても，

もはやそれを反映してやり直すことができない最終発表会よりも、中間発表会のほうが、教育的な重要性は高いと言えます。こうした発表会の形態としては、プレゼンテーション方式とポスター発表形式が考えられますが、多くの聴衆と意見を交わし、実のある議論を行う上では、ポスター発表形式が有効です。講堂や教室でポスター発表を同時並行的に行えば、限られた時間の中でも全員に発表機会を与えることができます。また、最終的な成果物として論文を出させる場合は、この発表会に向けて、最終的な分量の1/2〜1/3の提出を義務付けることが良いでしょう。論文に相当量の分量を課す場合でも、「中間地点でここまで書いておかないといけない」ことが最初からわかっていれば、生徒の取り組みも変わってきます。

　7点目の最終成果物について、最も生徒の負担が小さいのは、日本語によるプレゼンテーションのみを課すというものです。この場合でも、上で述べたように、できるだけオフィシャルで非日常的な発表の場を用意することが効果的です。たとえば、近くの市民会館等を借りて、下級生や保護者、近隣の大学の教員等を聴衆として招き、大勢の聴衆の前で発表させるようにすれば、恥をかきたくないという気持ちが生じ、探究の仕上げにさらに熱が入ることとなるでしょう。また、学校がグローバル化の推進をミッションとしているような場合は、プレゼンテーションを英語で行わせることもできます。こうすることで、内容面だけでなく、英語面でも豊かな学びが期待できます。もっとも、いかに立派なプレゼンテーションであったとしても、口頭発表は基本的に1回性のもので、後に残りません。この点をふまえれば、最終成果物には、できる限り、論文を加えていくことが望ましいと言えます。現代の高校生は、物を読む量だけでなく、物を書く量が圧倒的に減っています。はじめに分量ルールを定めておき（1万字以上、レポート用紙20枚以上等）、1年かけて段階的に執筆を進めさせ、書き上げられたものを印刷・製本して卒業時に配布するようにすれば、探究活動の参加者は大きな達成感を得ることになります。

　最後に、8点目の評価については、「評価と指導の一体化」の観点から、指導の開始前に、その詳細が決定されており、それが生徒に明確に示されていることが何より重要です。すでに述べた目標設定にも関わりますが、

(1)成果物を重視するのか取り組みの過程を重視するのか，(2)研究力の向上を重視するのか基盤的なキーコンピテンシーの向上を重視するのか，(3)本格的な研究としての水準を重視するのか若者らしい着想や独自性を重視するのか，(4)先行研究をふまえた手堅い研究計画を重視するのか社会的な意義や応用性を重視するのか，(5)論文執筆力を重視するのか口頭発表力を重視するのか，といった点について，明確な基準がルーブリックの形で規定され，関係者全員（生徒・教員双方）に周知されていることが重要です。何が評価されるのかが最初からはっきり明示されていれば，生徒は，そこに向かって，努力を重ねていくことができます。

　以上，探究プログラムの開発にあたり，留意すべき観点について述べました。すでに教科型の探究活動を実施している学校の中には，手本とすべき事例が存在しない中で，文字通り，「走りながら考える」というスタイルでやってきたところもありますが，これから新規に導入を考えるのであれば，プログラムの導入に先立って，以上の各点について，管理職と教員の間で，また，必要に応じて，生徒や地域の声も聞きながら，十分に議論を詰めておくことが重要となります。

良い研究の見取り図

　すでに述べたように，探究活動のゴール，つまりは，「良い研究」をどう定義するかは，探究活動の成功の α であり ω であると言えます。この決定は，学校の方針や学校を取り巻く諸事情を総合的に勘案して決定されるべきですが，ここでは3つの評価モデルを紹介します（表2-4）。

　1つ目は，独創的・創造的な店舗・住宅の設計で著名な建築家の近澤可也氏が，良い設計の指針として考案した「オハイオモデル」です（出典：パンデコンデザインセンター www.pandecon.net/chikasawa.html）。これは，「面白い」「初めて」「意味のある」「驚きを与える」という4つの言葉の頭文字を取ったものですが，このまま良い研究の指針としてもうまく合致します。つまり，テーマ設定や分析の視点が知的に面白く，その研究が社会にとって意味と意義を持ち，かつ，これまでの常識の確認を越えて，新しさと驚きをもたらす研究こそが良い研究というわけです。このモデルでは，

表 2-4　探究成果物の評価モデル

モデル	評価観点
オハイオモデル	<u>お</u>もしろくて／<u>は</u>じめてで／<u>い</u>みがあり／<u>お</u>どろきを与える
NDC2 モデル	必然性があり（<u>N</u>ecessity）／深さがあり（<u>D</u>epth）／原因の分析があり（<u>C</u>ause）／高校生らしさが生かされている（<u>C</u>haracteristics）
向学心発進モデル	社会に<u>貢</u>献する要素を含み／一定の<u>学</u>術性を持ち／聞き手が<u>親</u>近感を持つ内容で／新たな<u>発</u>見を含み／他にない<u>新</u>奇性を持つ

　4つの観点が立てられていますが，「意味のある」を除くと，他の3つはすべて広い意味での新奇性と関連しています。実際，高校生の探究発表を聞いていると，新奇性の重要性を強く感じます。いくつかの条件を変えただけで，後は他者の研究をすっかりなぞったような研究や，当たり前の問題を当たり前に分析し，当たり前の結果を得たような研究は，その過程でいかに多くの努力がはらわれていたとしても，高く評価することは困難です。きらりと光る「新しさ」が出せるかどうかは，探究活動を成功させる最も重要な視点であると言えます。

　2つ目は，教員向けの研修などの場で，筆者が提唱している「NDC2モデル」です。このモデルでは，研究の良し悪しを，Necessity（必然性：研究テーマが生徒の個人的な興味・関心の枠を超えて社会的な必然性と接合しているか），Depth（深さ：十分な深さを持つ調査や分析がなされているか），Cause（原因：単に現象を報告するだけでなくその原因について考察やモデル化がなされているか），Characteristics（特徴：高校生にしか取れないデータや，高校生ならではの視点が生かされているか）という4つの点で判断します。このうち，「必然性」について言うと，たとえば，「好きな作家の作品について」研究することは悪いことではありませんが，社会的ニーズと関連させない限り，聞く人の関心を得ることは難しく，研究の価値を広く世界に訴えていくことも困難でしょう。「深さ」について留意すべきは，深さと広さがトレードオフの関係にあるということです。つまり，

広いテーマを掲げれば研究は浅くなり，狭いテーマを掲げれば研究は深くなります。時間もリソースも限られている高校生の探究の場合，扱っているテーマは非常に小さいけれど，その1点に限ってみればプロも驚くような深い調査と考察がなされている，といったものが良い研究であると考えます。また，「原因」に関しては，多くの高校生の探究活動はインタビューやアンケートや実験を行ってその結果を報告するレベルにとどまっています。しかし，それは研究のゴールではなくスタートにすぎません。研究とは，なぜそのような現象が生じているのかを科学的に解明していくことを言います。最後に，「特徴」について留意すべきは，限られたリソースで高校生が探究をする中で，どうやってプロの研究者に打ち勝っていくか，ということです。この点をふまえれば，（とくに体験型探究の場合は）無理に背伸びしたテーマを設定するよりも，高校生だけに取れるデータや高校生だけに思いつく視点を有効に活用することが重要と言えるでしょう。

　3つ目は，同じく筆者が中高現場での指導で提唱している「向学心発進モデル」です。これは，生徒の学びへと向かう力，つまりは，生徒それぞれが内在的に持つ向学心をうまく発進させることこそが良い探究活動の基本であるという理念を示すと同時に，貢献性・学術性・親近性・発見性・新奇性という6つの価値観のアナグラムにもなっています。ここで述べている精神はすでに述べた「NDC2」と同じものですが，それを少し異なる観点でまとめて標語としています。

5 まとめ

　以上，本章では，高校での探究活動について多様な観点から考察を行ってきました。まず，2節では，AIを含む技術革新によって旧来型の学力・能力の価値が相対的に低下し，「言語・情報活用力」「人間関係力」「自律思考力」，あるいは，「社会対応力」「対人関係力」「自己学習力」等を含むキーコンピテンシーの重要性が高まってきたことを述べ，こうした新しい能力の育成が学校の新たな課題になっていることを指摘しました。また，そうした能力を育成するために，アクティブラーニングの重要性が高まって

いることを示し，その理想的な形態として探究活動を位置付けることができると主張しました。

3節では，探究活動には，(A)教員単位，(B)教科単位，(C)学校単位という3つの段階があることを述べ，今後の学校改革においては，(B)や(C)の方向が目指されるべきであると主張しました。

最後に4節では，学校全体で教科の枠を超えた探究活動を実施しようとする際にまずもって検討すべき点として，目標・指導時間・活動単位・指導者・テーマ・中間発表・最終成果物・評価の8点があると指摘し，それぞれについて，どのようなオプションがあるか，それぞれのオプションにはどのような利点・制約があるかを整理して示しました。また，これらの点について，探究活動を走らせながら決めていくのではなく，活動の開始に先立ち，関係者間で十分な議論を行い，方針を統一・徹底した上で活動を開始することが重要であると述べました。あわせて，探究指導の指針となる「良い研究」の指針として，「オハイオモデル」「NDC2モデル」「向学心発進モデル」という3つの枠組みを示しました。

全国のSGH校における実験的取り組みを経て，今後，教科型の本格的な探究が全国の高校に広がっていくものと予想されます。探究は，生徒を変えるだけでなく，教員を，さらには学校そのものを新しくバージョンアップしていく大きな可能性を持ったものです。多くの学校が探究の導入を前向きに受け止め，それをうまく利用する形で学校改革を成し遂げ，あわせて，生徒の「新しい力」を大きく伸ばしていただくことを期待しています。

第2部
実践編

第3章 神大附属の課題研究（卒業研究）の概要

1 課題研究の位置づけ

神大附属における課題研究

　神戸大学附属中等教育学校（以下，「神大附属」）は，神戸大学の附属学校の再編により，2009年度に中高一貫の学校として設立されました。その当初から「総合的な学習の時間」を「Kobe ポート・インテリジェンス・プロジェクト」（「はじめに」参照。以下，「KP」）と称して，探究的な学習を中心に，6年間で一貫した「リサーチリテラシー」（第1章参照）の育成を行ってきました。

　2009年度に入学した1回生が5年生となる2013年度には，卒業研究を見据えて，6年一貫の教育をさらに体系化しました（神大附属における年度ごとの「回生」と「学年」の対応については，表3-1を参照）。

　具体的には，東京大学教育学部附属中等教育学校のカリキュラム（東京

表3-1　神大附属における年度ごとの「回生」と「学年」の対応表

	年度									
	2009	2010	2011	2012	2013	2014	2015	2016	2017	2018
1回生	1年生	2年生	3年生	4年生	5年生	6年生				
2回生		1年生	2年生	3年生	4年生	5年生	6年生			
3回生			1年生	2年生	3年生	4年生	5年生	6年生		
4回生				1年生	2年生	3年生	4年生	5年生	6年生	
5回生					1年生	2年生	3年生	4年生	5年生	6年生
6回生						1年生	2年生	3年生	4年生	5年生
7回生							1年生	2年生	3年生	4年生
8回生								1年生	2年生	3年生
9回生									1年生	2年生
10回生										1年生

注）1～3年生は中等教育学校の「前期課程」で中学1～3年生に相当し，4～6年生は「後期課程」で高校1～3年生に相当します。

大学教育学部附属中等教育学校，2005）を参考に，6年間を2－2－2で分け，「探究入門（1・2年）」「課題学習（3・4年）」及び「卒業研究（5・6年）」として，段階的にリサーチリテラシーを育成することをねらいとしました。卒業研究は，生徒が神大附属に入学以降，一貫して学び，体験してきたことを踏まえ，主体的に「研究テーマ」を設定し，蓄積してきた知識や技能，思考力を総動員するものです。本校では，「グローバルキャリア人の育成」をめざす神大附属の教育の総仕上げとして，この卒業研究を位置づけています[※1]。

　各学年KPの担当者と領域設定については，次の通りです。1・2年「探究入門」は，原則として学年関係者（主任・担任・係）で担当し，特に学習領域は設けていません。3・4年「課題学習」（当初）は，原則として学年関係者と学習領域を配慮して教員を配置していました。学習領域は，生徒の興味・関心が分化することを考慮して，「対話表現」「数理探究」「生活環境」「地球市民」の4領域を設定しています。教科別に設定しなかったのは探究的な学習における教科横断型の枠組みを意識してのことです。5・6年生の「卒業研究」は，学年団だけでなく研究領域を重視して広く担当者を配置しています。当初は前述の4領域を設定しました。

　卒業研究を2013～2014年度の2年間実施したところ，全体的な指導の方向性が明確でなかったことから，生徒の研究テーマが多岐に分散し，研究を進めるペースを教員も生徒もつかめないという問題が顕著になりました。そこで，2015年度に文部科学省のスーパーグローバルハイスクール（以下，SGH）の指定校に選ばれたのを機に，3・4年生合同で実施していたグループによる講座別課題学習の4年生を「課題研究Ⅰ」（卒業研究入門）として切り離して課題研究の基礎を培い，5・6年生で実施している卒業研究を「課題研究Ⅱ・Ⅲ」として再編し，課題研究の指導体制の充実を図りました。「課題研究Ⅱ・Ⅲ」については，研究主題を「地球の安全保障」と明

※1　神戸大学附属中等教育学校は，神戸大学の国際的な教育目標との一貫性を踏まえ，「グローバルキャリア人」育成を教育目標に掲げてきました。同校では，様々な文献や教員からの意見も聴取したうえで協議を重ね，グローバルキャリア人とは，「優れた課題発見力を持ち，世界の中で自己を位置づけ，文化理解と行動を踏まえて，国際協力による関係構築を積極的に行おうとする人材」と定義しています（神戸大学附属中等教育学校，2016）。

表3-2　各学年のKobeプロジェクトの内容

学年	2014年度まで		2015年度(SGH指定)以降
1年	探究入門	聞き方話し方訓練	探究入門
2年		言語技術訓練	
3年	課題学習 （講座別3・4年合同グループ学習）		課題学習 （講座別個人研究）
4年			課題研究I（卒業研究入門） （講座別個人研究）
5年	卒業研究 （講座別個人研究）		課題研究II（卒業研究） （講座別個人研究）
6年			課題研究III（卒業研究） （講座別個人研究）

確化し，4つの研究領域（A：震災・復興とリスクマネジメント，B：国際都市「神戸」と世界の文化，C：提言：国際紛争・対立から平和・協力へ，D：グローバルサイエンスと拠点都市「神戸」）を設定しました。

このように「課題研究Ⅱ・Ⅲ」の領域を変更したことで，4年生までが探究的能力の育成を主眼としているのに対し，5・6年生が研究手法の習得により力点を置いていることに，うまく符合していると考えています（表3-2）。

2 課題研究の構成

「課題研究Ⅰ」（卒業研究入門）

「課題研究Ⅰ」は課題研究の入門的位置づけとして実施しています。前期課程（中学に相当）での探究活動を基礎に，「グループから個人へ」「学習から研究へ」の転換を図ることを目的としています。

1年間の活動は大きく2段階に分けられます。

第1段階（年度当初から夏休みまで）は，「課題研究とは何か」を理解するための学年と講座における共通の取組です。テキストとして『大学生の

ためのリサーチリテラシー入門』(山田・林, 2011) を用いています。特にこのテキストの「課題発見力」(第2章)と「情報収集力」(第3章)「書く力」(第6章)を重点的に学ぶとともに,このテキストの著者の1人で,本書の編者でもある神戸大学の林 創准教授に講演に来ていただくなど,指導を受けています。

　第2段階(夏休み以降,冬休み前まで)は,各自の興味に基づき個人で研究できる力をつけることです。ここでは,担当教員が個別に「講座」(ゼミ)を開講(第4章参照)し,生徒は教員のアドバイスを受けながら研究を進め(2018年度は138人の生徒を10人の教員で担当),各講座での中間発表,8,000字程度の論文執筆,プレゼンテーションソフトを用いた最終発表を行います。これらの活動を通して,5・6年生で行う「課題研究II・III」

表3-3 「課題研究I(卒業研究入門)」実施計画(内容と指導の方針)

時期	内容	指導の方針
4月	ガイダンス「卒業研究を始めるにあたって」	「研究」と「調べ学習」の違いを理解し,「研究とは何か」ということについて学ぶ。また,中等生として研究を行うことの意義や目的について学ぶ。先行研究や図書館の利用も含む情報検索の方法について学ぶ。
5月	先行研究調査・情報検索について	
6月	講演「課題の設定について」 課題の設定・研究計画書案作成 課題の設定・研究計画案決定	社会的意義のある課題を設定し,調査や実験などの研究計画を立てる。
7月	6年生卒業研究発表会見学	先輩のモデルを見てプレゼンテーションソフトを用いた口頭発表について学ぶ。
	夏休みに向けて(研究計画に基づく調査・実験の進め方)	研究計画に基づき文献調査や実験を行い,8,000字程度の論文にまとめる。
8月 9月	研究計画に基づく調査・実験及び論文作成	
10月	講座内中間報告・論文(8,000字)作成	
11月	講座内発表準備	
12月	8,000字論文発表会 (口頭発表)	作成している論文を基にプレゼンテーションソフトを用いた口頭発表を行う。
	論文加筆修正・最終稿提出	発表で得られたフィードバックを基に論文を修正し,最終稿として提出する。
1月	8,000字論文優秀者発表会 (口頭発表)	
2月	課題研究の検証,卒業研究のテーマ(仮)設定	自身の研究を検証し,卒業研究に向けた課題を設定する。
3月	5年生卒業研究中間発表会見学	先輩のモデルを見て「ポスター発表」について学ぶ。

写真3-1 「課題研究Ⅰ（卒業研究入門）」での口頭発表

へとつないでいきます。

　卒業研究入門の活動は年度を追うごとにスケジュールを少しずつ早めています。2018年現在は，冬休み明けから年度末までに，卒業研究のテーマを絞っていき，5年次当初からスムーズに研究活動に移行できるように指導しています（表3-3）。また，2018年度より，これまで前期課程3年生で行い職業体験的性格の強い行事であったインターンシップを4年生で行うこととし，一部の生徒に限られますが，大学研究室での実習を含む探究的な活動も導入することで卒業研究入門に役立てています。

「課題研究Ⅱ」（卒業研究）

　「課題研究Ⅱ」でも，教員が個別に「講座」（ゼミ）を開設します。担当は教員の専門性も考慮し，テーマが比較的類似した生徒4〜10名程度を指導しています（2018年度は138人の生徒を22人の教員で担当）。研究は個人で進め，最終的には中間論文として18,000字程度の論文を提出し，全員がポスター発表を行います（第7章参照）。

　実際の研究指導にあたっては，2〜3か月ごとに発表会を行ったり，一

表 3-4 「課題研究Ⅱ・Ⅲ」実施計画（内容と指導の方針）

時期	内容	指導の方針
4月	仮テーマ提出	テーマに関連した先行研究を調査し，自分の研究で解決する「問い」を立てる。
5月	ゼミ決定	
6月	ゼミ	
7月	6年生卒業研究発表会見学	先輩のモデルを見てプレゼンテーションソフトを用いた口頭発表について学ぶ。
	ゼミ	「問い」について，研究史をたどり，必要なデータを収集・分析する。
8月	夏休み	
9月	夏休み課題掲出（各ゼミ）	指定された書式を基に論文の体裁を整える。※体育大会，修学旅行，合唱祭等の学校行事があり，集中して取り組むのが難しい時期でもある。
10月	ゼミ	
11月	ゼミ	
12月	ゼミ	
1月	ゼミまたは論文執筆	これまでの研究をまとめ，論文の一貫性や結論の妥当性をより高めるために再検討し，必要なデータをさらに集める。
	一次論文提出	
2月	中間発表会（ポスター発表）準備	
3月	中間発表会（ポスター発表）	
4月	論文修正	論文の構成や体裁をきちんと整えていくなかで，必要に応じて追加のデータを集める。
5月	論文修正	
6月	最終論文（18,000字）提出	
7月	最終発表会（口頭発表）準備	全体発表に向け，講座内でリハーサルを行い，フィードバックを基にスライドや発表原稿の修正を行う。
	最終発表会（口頭発表）	
	優秀者発表会	

次論文を提出させたりすることで，全体での研究を進めていくペースを設けています。授業時間中は，文献調査や論文執筆作業ではなく，進捗状況の報告や議論を通して研究を主体的に進めていくことを目標としています。また，神戸大学の大学院生をティーチング・アシスタント（TA）として雇用し，論文の添削や研究相談の支援も得ています（第5章コラム参照）。

「課題研究Ⅲ」（卒業研究）

　「課題研究Ⅲ」では，「課題研究Ⅱ」のテーマを継承しつつ，一次論文を最終論文として完成させるとともに，和文・英文の要約を作成します。英文の要約は英語の授業（6年生「英語表現Ⅱ」（2単位））で行っています。また，最終の発表会では，全員がプレゼンテーションソフトを用いた口頭発表を行って，3年間の研究活動を締めくくります。さらに，優れた卒業研究を選び，口頭発表者とポスター発表者に分けて，「優秀者発表会」を行

っています(第7章参照)。

3 課題研究の目標と育てたい力

本校では,教育目標として4つの力(「見つける力」「調べる力」「まとめる力」「発表する力」)+「考える力」の育成を掲げています。これらの力は教科の教育でも育成されるものですが,とくに教科の枠組みを越えた「総合的な学習の時間」(KP)において育まれるものと考えられます。そのため,課題研究において,この5つの力の育成を念頭に置きながら,リサーチリテラシーを育む指導を進めています(表3-5)。

表3-5 課題研究Ⅰ～Ⅲの目標と育てたい力

4年生 課題研究Ⅰ(卒業研究入門)

目標	5・6年生で実施する「課題研究(卒業研究)」に向けて,4年生段階のリサーチリテラシーを身につける。特に,個人で研究を行うための「課題の導き方」と「課題と結論の整合性」に関する知識と理解を深める。				
育てたい力	見つける力	調べる力	まとめる力	発表する力	考える力
	与えられた課題,または<u>自分で選択した講座</u>の中で,<u>自分の知っていることから類推し</u>,<u>多面的・批判的な視点で</u>,疑問点・課題点を見つけることができる。	文献,フィールドワーク,実験やアンケート調査などから,複数の関連する事実について,事実と意見を<u>区別し</u>,自分の立てた仮説の妥当性を高めようと考えたりして,妥当性・信頼性の高い調査を行うことができる。	読んだ文献の内容,直接聞いた話,自分で行ったアンケート調査などの複数の調査結果からわかることは何かを考えて,<u>事実と自分の意見を区別</u>して,論文のフォーマットにまとめることができる。	自分で調査し,まとめた内容を,<u>発表の内容が首尾一貫</u>して,<u>論理的である</u>ように,(ポスター・スライドに必要な情報をコンパクトにまとめて)聴衆とアイコンタクトをとりながら,語りかけるように話すことができる。	左記の4つの力に示された「思考のプロセス」(下線部)を用いることができる。

5年生　課題研究Ⅱ（卒業研究）

目標	①生徒が中等 6 年間を通して学び体験してきたことを踏まえ，主体的に「研究テーマ」を設定し，後期課程段階までに蓄積してきた知識や技能，思考力を総動員するとともに，新たな調査・分析・考察を通して，さらなる総合的探究の場を保障する。 ②グローバル人材の育成と新たな教養が求められている学士課程における資質形成につながる学力を，卒業研究を通じて身につける。				
育てたい力	見つける力	調べる力	まとめる力	発表する力	考える力
	実地調査・研究を進めていく中で，新たに分かった事実から，研究テーマ，手法，結果や考察との一貫性を意識しながら，研究計画を立てて，課題をより深めることができる。	実験やフィールドワーク，アンケート調査などから，物事の因果関係について，明確な仮説を持ち，反論などを想定した上で，妥当性・信頼性の高い調査結果を出すことができる。	自分で行った一貫性のある複数の調査内容から，目的→手法→結果→考察の校正を首尾一貫させて，既に分かっていること，まだ分かっていないことをまとめて，論文のフォーマットにまとめることができる。	自分の研究結果や，自分が理解した内容を，聴衆のレベルや反応に合わせて，発表内容の流れが理解しやすいスライド・ポスターを使って，聴衆の反応を見て，話し方や内容を臨機応変に変えることができる。	左記の4つの力に示された「思考のプロセス」（下線部）を用いることができる。

6年生　課題研究Ⅲ（卒業研究）

学習目標	①卒業論文の最終提出に向けて一次論文を加筆修正し，論文の質を高める。 ②卒業研究の内容について，日本語と英語の要約を作成する。 ③プレゼンテーションを作成し，卒業研究発表会で個々の研究成果を報告する。		
育てたい力	まとめる力	発表する力	考える力
	自分で行った一貫性のある複数の調査内容から，目的→手法→結果→考察の構成を首尾一貫させて論文のフォーマットにまとめることができる。	自分の卒業研究の結果について，研究内容の流れが理解しやすいスライドを作成し，聴衆のレベルや反応に合わせて，適切に発表することができる。	左記の2つの力に示された「思考のプロセス」（下線部）を用いることができる。

第4章 オリエンテーションとテーマ設定

1 オリエンテーション

　第3章で紹介したように，神大附属（以下，本校）では，後期課程の4年生（高校1年生）で，個人で問いを設定して研究をすすめ，卒業論文としてまとめる「課題研究I」（卒業研究入門）が始まります。そのオリエンテーションとなるガイダンスの様子を紹介しましょう。

　まず，本校が教育目標として掲げている「グローバルキャリア人」（第3章参照）として社会に出て行くときに身につけてほしい力とはどのようなものか，2020年の大学入試改革にもふれながら，卒業研究を通してどのような力をつけていくのか，研究をすることの意義について説明します。

　例えば，「『枕草子』を品詞分解できる」「『市民革命』とは何かを説明できる」，「斜面を運動する台車の運動方程式を立てられる」といった，教科固有の学習で培われる能力はもちろん大切です。しかし，グローバルキャリア人として世界に羽ばたいていくためには，「必要になった知識を自ら学ぶ力」「答えのない問題に対し，自分なりに取り組む力」「自分が出した解答を他者に伝える力」のような汎用的能力も，それと同等かそれ以上に大切でしょう。教科学習固有の能力を最大限活用して卒業研究に取り組むことで，これらの汎用的能力をより一層磨くことができるのです。

　そして，これらの力は，中等教育までだけでつけきることはとてもできません。本校教員は，これらの力を大学入学後にさらに伸ばしてほしいと考えています。大学側もまた，そのような教育を行いたいと考えており，大学で研究を行うための基本的な能力，つまりリサーチリテラシーを持った受験生を求めているのです。2020年の大学入試改革では，「知識・技能」「思考力・判断力・表現力」「主体性を持って多様な人々と協働して学ぶ態度」を総合的に評価する入学者選抜が行われますが，卒業研究論文等の探究的な学習の成果の活用は，既に3回生や4回生の合格実績にも現れています（第8章参照）。

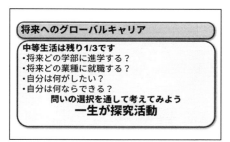 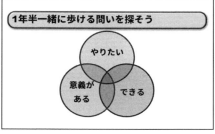

図4-1　ガイダンス資料（一部抜粋）（神大附属教員　若杉誠作成資料より）

　図4-1に示しているように，本校の課題研究のオリエンテーションは，将来へのグローバルキャリアとして卒業研究を行うことがどれだけ重要な意味を持つかについて生徒たちに理解してもらう機会と捉えています。

2 個人研究のための講座

課題研究Ⅰ（卒業研究入門）

　本校の課題研究は個人研究のため，各生徒は1名の指導教員による講座（ゼミ）に所属します。「課題研究Ⅰ」を担当する教員は，4年生の学年団の教員を中心に10名程度で担当します。4つの研究領域（「対話表現」「数理探究」「生活環境」「地球市民」）を設定し（第3章参照），各担当教員が，ガイダンスで自分の専門性やこれまでの指導歴，興味・関心のあるテーマについて生徒に簡単なプレゼンテーションを行います。生徒にはあらかじめ教員が特定の様式に入力して作成した資料（資料4-1）を提示して説明します。所属講座はガイダンス終了後の教員と生徒との面談で決定します。

資料 4-1 「課題研究Ⅰ」(卒業研究入門) ガイダンス配布資料 (一部抜粋)

〔講座別学習の目的〕
①卒業研究に必要なリサーチリテラシーを実際的に身につける。
②4つの力(見つける力・調べる力・まとめる力・発表する力)+考える力を伸ばしながら,初めての個人研究を遂行する。

〔方法〕
①講座を選択し,担当教員の話を聞いて担当教員に面談をしてもらい,自分がやってみたいことを支援してもらえるかどうか確認をとる。(担当教員は以下の先生。)
対話表現(○○・○○・○○) 数理探究(○○・○○・○○) 生活環境(○○・○○) 地球市民(○○・○○)
②個人研究は,次のキーワードのうち複数のものにつながるように,テーマを設定する。個人研究をグループの研究にしてもよいが,その場合,発表はグループで(発表時間等は今後検討),小論文は個人で書くなど,あくまでも個人の研究活動を優先させる。

〈キーワード〉
地球安全 安全保障 国際紛争・対立 平和・協力 震災・復興 リスクマネジメント 神戸 東北 国際都市 在留外国人 文化 国際協力 異文化理解 グローバルサイエンス グローバルビジネス 社会問題 世界の課題 社会貢献

③講座別学習では,講座担当教員の指示に従いつつ,大学図書館を利用して専門図書や関連論文を読んだり,実験や調査を行ったりして自主的な研究活動を進める。調べ学習に終わらず,調査や実験・観察など,自分の時間を使った地道な作業を入れる。
④個人研究では,自分が知りたいことに留まらず,知らないことを知った上で新たな「問い」を見つけ,その「問い」に対して自分なりのアプローチ(調査・実験・観察など)を加えて,「問い」に対する「答え」を見つけるところまで行う。「答え」には,提言や提案という方法もある。
⑤今年度の終わりには,5・6年で行う卒業研究のテーマ設定を行う。自分が4KPで取り組んだことによって,卒業研究で取り組めるレベルが大きく左右されるので,注意すること[※1]。

講座内容
〈対話表現〉

講座名	対話表現	担当教員	○○○○ (英語科)
キーワード ①(以下全て英語使用によるもの)震災・復興,国際理解,異文化理解,社会貢献 ②第二言語習得,英語教育			

※1 4KPとは,4年生でのKPのことを指します(KPについては第3章参照)。

①について
　これまで，英語の授業を通じて「国際事情の理解および提言」をテーマに，英文資料収集やフィールドワークを経て，英語による「地雷撲滅キャンペーン」，「神戸における防災に関わる提言」等の活動（世界大会への参加や，各種防災会議等への参加）を生徒たちと行ってきました。
②について
　人がどのようにして言語を習得するのか，特に日本人の第二言語習得の様相に興味があります。

講座名	日本とことば―ことばの力を考える―　担当教員　○○○○（国語科）

キーワード　文学・言語・文化・神戸・東北・社会問題
本講座では，次のような研究内容を想定しています。

①ことばの過去・現在を考察することによって，人々の生活とことばの力，日本のこれからを考える。
②ことばによって書かれた文学（小説・詩・短歌・俳句，その他）を読み解くことによって人々の生活や生き方を考える。
　ことばや文学は時代によって，風土によって様々な様相を呈しています。それらを掘り下げていくことにより，ことばの持つ力を考える契機にしたいと思います。研究対象として扱うのは様々な「作品」や「文献」となります。よって，ことばや文字と真摯に向き合える生徒を求めます。

〈省略〉

〈数理探究〉

講座名	科学コミュニケーション　　担当教員　○○○○（理科）

キーワード　文化・グローバルサイエンス・社会問題・世界の課題・社会貢献

(1) 医療および生命倫理に関するテーマ
　　医療技術の向上と倫理，生殖医療・終末医療，医師養成のあり方　など
(2) 科学・技術と社会に関するテーマ
　　科学的な発見と社会，情報技術の進化と個人，科学と学校教育　など
以上，2つのテーマとも「専門家，当事者およびそれら周辺の市民」それぞれの立場を踏まえ，バランスのとれた議論が必要です。可能な限り多くの文献にあたり，限られた期間ではありますが，高校生らしい論考を深めます。

講座名	社会現象を数学で読み解く　　担当教員　○○○○（数学科）

キーワード　社会学・モデル分析・社会問題・グローバルサイエンス・身近な問題・数学

　数学は社会的事象をモデル化することに長けた学問です。人間は社会的生物

であるから，その有用性については語るまでもないでしょう。
　本講座では，数学の様々な理論（確率論，統計学，解析学（微積分））に留まらず，社会学や基礎的な法学など文理に偏らない手法・問題を扱い，それについて独自の見解を理論的に示すことを目標としています。
　したがって，本講座は理系志望者のみならず文系志望者にとっても意義のあるものになると確信しています。ただし，本講座ではコンピュータを多用し，必要に応じてフィールドワークを行うなど課題は多岐にわたります。相応の学習意思のある者のみの参加を求めます。

〈省略〉

〈生活環境〉

講座名	運動生理学　　担当教員　　〇〇〇〇（保健体育科）
キーワード	リスクマネジメント

・身体運動・動作の探究をする
・骨格筋機能の仕組みを理解する
・運動・身体活動の際におこるリスクマネジメント
・間違った運動・動作のリスク把握
・身体バランスの謎
・筋力トレーニングによる関節運動の理解と傷害の防止　　など

講座名	生活環境　　担当教員　　〇〇〇〇（養護）
キーワード	社会問題・社会貢献・国際協力・平和・協力・世界の課題

〇生活習慣と心身の健康の関連について
　食事，睡眠，清潔をはじめとする基本的生活習慣と心身の健康の関連を考察します。
〇コミュニケーションスキルについて
　ラポールの形成，アサーション，リフレーミングといったコミュニケーションスキルについて学びます。
　全ての人にとって，心身の健康維持は充実した人生の基本となります。自分自身の心身の健康についての考察を深めながら，日本または世界における健康課題について考える機会にしたいと思います。

〈地球市民〉

講座名	グローバルビジネス　　担当教員　　〇〇〇〇（社会科）
キーワード	グローバルビジネス・地域経済・アントレプレナーシップ・社会貢献

　本講座は，日本政策金融公庫主催の『高校生ビジネスグランプリ』（最終審査会場＠東京大学）への応募を念頭に高校生ならではの創造性あふれるビジネス

プランを作成します。「人々の生活をよりよいものに変えるプラン」や「世の中の仕組みをより良いものに変えるプラン」,「地域の課題を解決するプラン」などを高校生の発想と経済学・経営学の理論を用いて考えていきます。活動は基本的にグループで行う予定です。神戸をもっと住みやすい街にしたい，震災後の復興に役立つシステムをつくりたいなど，創造性とやる気あふれる生徒を求めます。なお，この講座では外部講師（日本政策金融公庫職員）による出前講義なども予定しています。
■関連する学問：経営学，地域経済学，経済地理学

講座名	歴史と地域　担当教員　○○○○（社会科）
キーワード	神戸・文化・社会問題・震災・復興

　歴史の本質は歴史資料（史料）にあります。様々な史料を基に，その当時の社会がどのようなものであったのか，どのように把握することができるのか突き詰める学問が歴史学です。よって，本講座では歴史学の方法を簡単に学んだうえで実際に史料にあたり研究を行います。〈略〉本講座ではグローバルはローカルの上に成り立つということを前提条件とし，地域歴史資料を保全していくという視点のもと，地域の一構成員として自ら地域社会をどのように考えていくのか考えることも求められます。さらに，地域社会の危機や，震災からの地域復興という視点も求められます。

課題研究Ⅱ・Ⅲ（卒業研究）

　5年生からは，いよいよ卒業論文作成に向けて1年半に及ぶ本格的な研究活動に入ります。「課題研究Ⅱ」では，約20名の教員が指導教員として割り当てられ，「課題研究Ⅰ」同様，指導可能な内容を生徒に提示して面談のうえ，所属講座（ゼミ）を決定していきます（資料4-2）。研究領域は，第3章でも紹介したように，本校SGHの全体テーマである「神戸から発信する『地球の安全保障』への提言」を基に，研究主題を「地球の安全保障」と明確化し，4つの研究領域（A：震災・復興とリスクマネジメント，B：国際都市「神戸」と世界の文化，C：提言：国際紛争・対立から平和・協力へ，D：グローバルサイエンスと拠点都市「神戸」）を設定しました。各講座の編成は，研究部専任教員と学年の研究係が研究テーマの類似性を考慮して行います。教員1人あたり担当する生徒の数は4名から10名程度で，校務の負担も考慮されて割り当てられます。

個人研究のテーマは多岐にわたるため，4年生で行っていたような統一した指導はできませんが，ほとんどの生徒は「課題研究Ⅱ」で設定したテーマに基づいて研究活動を行い，卒業論文を執筆します。最終論文を完成させる6年生の「課題研究Ⅲ」は，「課題研究Ⅱ」の担当教員が継続して指導しますが，担当学年の変更（前期課程学年の担任になる）や他校への異動といった校務分掌上の事情により，毎年数名の教員が入れ替わります。その際は，新しく担当する教員が，異動した教員の講座をまるごと担当する，一部の生徒を引き受ける，などの対応をしています。

資料4-2　「課題研究Ⅱ」（卒業研究）ガイダンス配布資料（一部抜粋）

名前　○○○○
教科　地理歴史・公民
指導可能な内容
・社会問題（貧困・教育など）　・国際関係
名前　○○○○
教科　英語
指導可能な内容
・英語（文法指導等）　・国際理解教育　・異文化理解
名前　○○○○
教科　地理歴史・公民
指導可能な内容
・地理学（経済や経営に関する研究やまちづくりに関する研究など）・環境社会学（環境問題・ESDにかかわる課題など）
名前　○○○○
教科　理科
指導可能な内容
専門ピッタリな内容：理論物理学，シミュレーション物理学，応用数学 まあまあ専門に近い内容：理学・工学・農学あたりの実験やプログラミングを伴う分野 多少は話が聞ける内容：人文社会系でも数学・統計を用いる分野 一緒に勉強してあげられる内容：皆さんのやる気さえあればなんでも
名前　○○○○
教科　国語
指導可能な内容
・異文化理解，多文化共生　・移民に関する事項　・海外大学事情（New Zealand） ・海外での日本文化理解　・文化比較論　等
名前　○○○○
教科　栄養教諭
指導可能な内容
・栄養学　・調理学　・公衆衛生　・食行動

写真4-1　「課題研究Ⅱ」での各担当からの指導可能な研究内容紹介

3 テーマの設定

研究テーマとキーワードの設定

　研究テーマの設定は，課題研究を行う上で，最初に考えることですが，同時に最も難しいことであるといえます。生徒が明確な問題意識を持ち，優れた研究テーマを設定できるように導くために，どのような点に注意を払っていくとよいでしょうか。ポイントの1つとして，研究指導を進める前に，テーマだけではなく「キーワード」を同時に設定していくことが挙げられます。これにより，研究の方向性が明確になっていくからです。

　本校の4回生の4年次（2015年度）「課題研究Ⅰ」で行われた方法を紹介しましょう。この年度の「課題研究Ⅰ」では，生徒の興味・関心，担当教員の専門性や趣味を考慮し（資料4-1），生徒に取り組ませたい社会的課題に基づき，次のような講座とその軸となるキーワードを設けました（表4-1）。もちろん，個人のテーマによってはキーワードを追加することもあります。

　各講座で個人研究を半年進めた後，再びテーマとキーワードの調査を行うと，キーワードを変更・追加した生徒は166名中12名（7.2％）に過ぎませんでした。これは，各生徒が研究したい内容に適した講座に属し，研究

表4-1　設定した講座とキーワード（2015年度4回生4年次）

領域	講座	キーワード	担当教員教科
対話表現	対話表現	震災・復興　国際理解　異文化理解　社会貢献	英語
	日本とことば －ことばの力を考える－	文学・言語　文化・神戸　東北・社会問題	国語
	社会とつながるデザイン	男女共同参画　ジェンダー　社会貢献　コミュニティデザイン	芸術（美術）
数理探究	科学コミュニケーション	文化　グローバルサイエンス　社会問題　世界の課題　社会貢献	理科
	社会現象を数学で読み解く	社会学　モデル分析　社会問題　グローバルサイエンス　身近な問題　数学	数学
	国際技術協力	国際協力　グローバルサイエンス　社会貢献	理科
生活環境	運動生理学	リスクマネジメント	体育
	生活環境	社会問題　社会貢献　国際協力　平和・協力　世界の課題	養護
地球市民	グローバルビジネス	グローバルビジネス　地域経済　アントレプレナーシップ　社会貢献	社会
	歴史と地域	神戸　文化　社会問題　震災・復興	社会

内容を大きく変更する必要がなかったからだと言えるでしょう。一方，テーマを変更した生徒は166名中122名（73.5％）に上りました。どうして4分の3もの生徒がテーマを変更したのでしょうか。

テーマ変更の理由

　テーマを変更した生徒（122名）が書いた変更の理由を分析すると，以下の14に分類されました（表4-2）。

　テーマ変更の理由として多いのは，「テーマを明確化・具体化させたいと思ったから」28.7％，「自分で研究を進めていくうちに手に負えないテーマだとわかり，実現可能な内容に変えたから」21.3％，「自分で研究を進めていくうちに，研究したい内容が変わったから」16.4％で，以上3つの理由で66.4％を占めていることがわかります。また，テーマ変更の14の理由を関心の変化に着目して分類すると，「関心の対象の変化」27.9％，「関心の捉え方の変化」46.7％，「関心の低下」23.0％という結果でした。

　研究を進め，自分の知りたかったことがわかってくると，新たにわからないことに気づきます。すると，そのわからないことを知りたいと思い，

表4-2　テーマを変更した理由とその割合（N＝122）

	テーマを変更した理由	人数（％）	変更理由の分類
1	自分で研究を進めていくうちに，研究したい内容が変わったから。	20 (16.4)	
2	講座内での学びによって，研究したい内容が変わったから。	8 (6.6)	関心の対象の変化
3	コンテスト等校外での体験を通して，研究したい内容が変わったから。	4 (3.3)	
4	興味や関心が変わったから。	2 (1.6)	
5	自分で研究を進めていくうちに手に負えないテーマだとわかり，実現可能な内容に変えたから。	26 (21.3)	関心の低下
6	自分で研究を進めていくうちに，既に解決されている内容だとわかったから。	2 (1.6)	
7	テーマを明確化・具体化させたいと思ったから。	35 (28.7)	
8	テーマを一般化・普遍化する必要が出てきたから。	7 (5.7)	
9	研究したい内容は変わっていないが，内容と言葉が合っていないとわかったから。	6 (4.9)	
10	身近なところからテーマを捉え直そうと思ったから。	4 (3.3)	関心の捉え方の変化
11	キーワードとの結びつきが不十分だと思ったから。	2 (1.6)	
12	卒業研究のテーマにしたい内容を見つけ，その前段階の内容に変えたいと思ったから。	2 (1.6)	
13	大学で学びたい分野や将来就きたい仕事が決まり，それにつながる研究をしたいと思ったから。	1 (0.8)	
14	その他	3 (2.5)	

研究の対象を変えたいと思い始めます。これが「関心の対象の変化」です。

　図4-1は，ある女子生徒のテーマ設定に関する記録です。当初，彼女は「食で行う生活習慣病の予防」というテーマを希望していましたが，最終的には「日本がこれからすべきジャンクフード対策」にテーマを変更して研究を進め，4年次の優秀研究（論文）にも選ばれました。

　研究を進めていくうちに，テーマが明確化できたり具体化できたり，一般化したり普遍化したりする場合もあります。これが「関心の捉え方の変化」です。この年度の生徒の中には，本校のSGHプログラムに参加したことによって，テーマの捉え方を大きく変えた生徒がいました。ある生徒は，米国シアトル研修に参加し，グローバル企業の社内見学や質問機会を得て，「グローバル」というテーマを具体化して考えようと思うようになりました。またある生徒は，震災・復興仙台交流プログラム（第8章参照）に参加し，仙台被災地の高校生との交流やボーリング地質調査等を通して，「地震」というテーマにリスクマネジメントの視点を加え，「地震」を普遍化して捉えようと思うようになりました。意欲的で積極的な直接体験は，関心の捉え方や研究の方向性を大きく変えていく力を持っていると言えるでしょう。

　「関心の低下」は，卒業研究にとって最も注目すべきテーマ変更の理由だと思われます。ここで分類した「関心の低下」とは，単にテーマへの関心が薄れたことを意味するのではなく，研究を進めた結果，扱う問題が自分

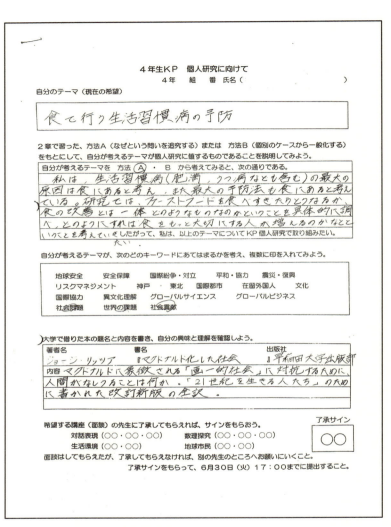

図4-1　テーマ設定例（2015年度4回生4年次）

の手に負えないことがわかったり，既に検証や解決がなされたことがわかったりして，研究の意義を失ったことを意味しています。研究を進めた結果，「知りたいことはわかったけれど，それ以上自分では解明できない」ことに気づくと落胆するでしょうが，それ以上に研究意義を確認する貴重な

体験になることでしょう。

　以上のように，テーマ設定は簡単ではありません。自分の興味・関心を追究することはもちろんですが，研究は，進めていくうちに知りたいことが変化する可能性をはらんでいます。

テーマを設定するために

　それでは，確実なテーマを設定するためにはどうすればよいでしょうか。

　1つ目に注意すべきことは，「仮テーマの立て方」です。例えば，仮テーマを設定する際に，「地震」を研究したいと思っている生徒が「地震について」と書いてくることがあります。しかし，「地震について」では漠然としすぎて，現象を知りたいのか，統計を取りたいのか，対策を知りたいのか等，研究したい対象がわかりません。そのため，仮テーマを立てる時には，「なぜ地震は起こるのか」「平安時代に近畿地方でどれほど地震があったか」「どのように地震を回避するか」等，疑問文で考えるとよいでしょう。そこから，研究を進める過程で，テーマを具体化したり普遍化したりして確定していきます。第1章で注意を促しているように，大きすぎる問題設定は避けねばなりません。問題を展開し，具体化することが大切です。

　2つ目に注意すべきことは，「キーワードを意識する」ことです。先ほどの「地震」を知りたい生徒を例にあげて考えてみると，「復興」や「貢献」をキーワードとして考えるならば，表4-1の「対話表現」講座に入ることが望ましいと思います。「対話表現」講座の担当は英語の教員ですから，「復興」や「貢献」について，日本だけではなく外国や外国人の動向を考えて研究することも可能かもしれません。また，「現象」をキーワードとして考えるならば，「グローバルサイエンス」をキーワードに含む「数理探究」領域内の講座に入ることも考えられます。「社会現象を数学で読み解く」講座ならば現象の理解とともに「地震」を統計的に理解することも可能です。「科学コミュニケーション」講座や「国際技術協力」講座なら，担当教員が理科ですから現象の理解はもちろんのこと，実験施設見学やシミュレーション動画作成等を行うことも可能です。「国際技術協力」講座なら地震被害を受けた国への復興技術支援等も研究できるでしょう。このように，

所属する講座や担当教員は変わりますから、仮テーマ設定の段階から「キーワードを意識する」ことが必要です。

　3つ目に注意すべきことは、「講座内での議論を活発に行う」ことです。個人研究は、ある時は楽しく、ある時は孤独なものです。好きなことを調べたり考えたりすることはとても楽しいものですが、他の人の意見を聞かなければ、狭隘な考えに固執してしまったり独善的になってしまったりして、社会とのつながりや貢献という視点を忘れてしまう恐れがあります。そこで、研究を進めながら、「本当に知りたいことは何か」「そのために何をすべきか」を生徒自身が常に問い続けられるように、担当教員との面談（第2章参照）や講座内発表での質疑応答の機会を大切にしていく必要があります。同じ講座に属していても生徒たちは個々に研究を進めていくわけですから、研究している生徒以上に研究内容について詳しい生徒はきっといないことでしょう。しかしながら、自分が研究してよくわかっているつもりでも、それをうまく伝えられない時には、論理性が不十分であるためか、実験や調査が不十分であるためか等、研究の一貫性に疑問が持たれます。また、講座内発表で質疑応答を繰り返しているうちに、多くの生徒が共通して抱いている課題が見えてくる場合もあります。

　図4-2は、講座内発表において、発表者の話を聞く生徒たちが書いた記録です。聞き手の記録を発表者にフィードバックすることによって、発表者は伝えたい内容を正しく伝えることができたか、研究の不十分な点は何か等、意識できるようになるでしょう。

　以上の3つの注意すべき点を意識しながら、客観的立場からの意見を取り入れることによって、問題意識が明らかになり、明確な研究の方向性を持つテーマ設定が行えるよう心掛けるとよいでしょう（4回生が2年後の6年次に提出した最終論文のテーマを資料4-3に示します）。

KP　相互チェック表
（　　　　　　　）さんの論文を読んで
　　　　　　　　　　　6年　　組　　番　氏名（　　　　　　　）

問い	解答（文章表記で書くこと）
どのような問題提起をしているか。	①2人の落語家の動作・話し方に差があるか ②日常会話でテンポよく話すための工夫を見つけることはできるか
研究手法は何か、説明せよ。	研究史（文献調査）と、落語の視聴。
データの量や質は十分か。十分でない場合、どうすればよいと思うか。	十分だと思う。 　　　KUWABASAN
データの分析は適当か。適当でない場合、どうすればよいと思うか。	データ分析が甘いように感じた。せっかく聞いた落語をもっと深く分析すれば考察・結論に持っていきやすくなると思う。 例えば、日常会話でテンポよく話せる人と落語家の共通要素を比較してみたりとか。
研究によってどのようなことがわかったと結論づけているか。その量と内容は十分か。十分でない場合、どのようにすればよいか。	「工夫は見つけることができる」 ↳どんな工夫かも書いてあるが、それが根拠となるはず。もう少し考察・結論を厚くするといいと思う。あと、結論を結果の章に入れずに、結論を取る章は分けた方がわかりやすい気がする
問題と結論は一貫しているか。一貫していない場合、何が足りないのか。	論理で一貫してると思う！ ↳せっかく一貫してるから、章とか節の名前を工夫して、読む人にさらにわかりやすくするといいかも☺
全体的なアドバイスをしてあげましょう。	実際に「聞く」という効果的な調査方法に独自性が感じられていい！！ ただ、もっと考察や結論を厚くできたら、その調査がより論文に活きてくると思う～！

図4-2　講座内発表記録（2017年度4回生6年次）

資料4-3　4回生6年次卒業論文テーマ（一部抜粋）

A　震災復興とリスクマネジメント

担当者教科	論文テーマ（題目）
理科	学校におけるこれからの防災教育の在り方―双方的な防災教育は生徒の防災意識を高めることができるのか―
理科	神戸市の小中学生における減災教育のあり方とは―減災アクションカードゲーム神戸版の開発から考える―
理科	震災で心に傷を負った子供たちを元気づけるミュージカルやダンスを使ったアウトリーチプログラム
社会	東日本大震災が与えたコミュニティ崩壊による心理状態の変化と地域再生の目指す姿とは
社会	災害看護による「心のケア」―災害看護の現状と課題―
情報	災害におけるSNSの在り方と需要―ブリスベン・神戸の2都市を比較しながら今後の災害に目を向ける―

B　国際都市「神戸」と世界の文化

担当者教科	論文テーマ（題目）
国語	奈良県のあるべき「観光地」としての姿とは
国語	教員に対する信頼感と「理想の教員像」の考察―高校生の視点から面接調査法を用いて―
国語	購買意欲を促進するコンビニとは―行動心理に基づく新たな工夫の提案―
社会	兵庫県における外国人観光客戦略の実態―行政機関に着目して―
社会	映画館の立地の変遷と映画産業の動向分析
英語	高校生と中高年者におけるカタカナ語の影響についての研究
英語	異文化理解と好感度―日本における異文化理解の方法―
美術	「日本の美」としての和の色の存続
美術	和服産業の改善に向けての提案

C　提言：国際紛争・対立から平和・協力へ

担当者教科	論文テーマ（題目）
国語	待機児童問題の解決に向けて―認定こども園をめぐる課題と神戸市の待機児童解消策の提案―
社会	台湾における日本の植民地教育の考察―日本統治下の公學校修身書（台湾）と尋常小學修身書（日本）を比較して― **（第10章卒論文例②）**
社会	神戸米騒動と新聞報道―社会運動史とマスメディアの関係についての一考察― **（第10章ポスター例②）**
社会	経済地理学的視点からみた持続可能な鉄道のあり方―第三セクター鉄道の出資比率別考察― **（第10章ポスター例①）**

社会	神戸と台湾に於ける樟脳取引史―鈴木商店を中心に考察する―
社会	WEB政治キャンペーンのマーケティング視点の分析―EU離脱の是非を問う国民投票と米国大統領選挙を事例として―
社会	難民・移民問題の現状と展望―受け入れる国と受け入れない国―
社会	移民問題から考える日本の歩むべき道―グローバル化とは何か―
英語	カンボジアにおける教育システムについて ―ポル・ポト政権によって廃止された教育システムを再構築することはできるのか―
英語	人に影響を与える演説とは―黒人差別問題に焦点を当てて―

D グローバルサイエンスと拠点都市「神戸」

担当者教科	論文テーマ（題目）
理科	神戸市における冷気流と広域陸風が相互に及ぼす影響の解析
理科	神戸市のイノシシ市街地出没と住民意識の改善―餌付け禁止の啓発に向けて―
理科	環境変化におけるカイワレ大根の成長
理科	閉鎖環境下でのミドリムシの長期飼育―地球共生循環のモデルを目指して― **（第10章ポスター例③）**
理科	学校机における使用済み雑巾での水拭き清掃の課題と改善―菌の視点から― **（第10章ポスター例④）**
理科	iPS細胞の今後―3カ国の現状の比較と分析―
理科	局地風が都市の気温に及ぼす影響―六甲おろしを事例として―
理科	望まれない出産をも受け容れられる社会の在り方とは―「赤ちゃんポスト」が私たちに問いかけるもの―
理科	落下時の水の回転運動の静的原因
理科	葉毛は蒸散を抑制するか
数学	カワラサイコの絶滅危機について―ロジスティック方程式とDPSIRモデルを用いた体系的評価―
情報	人工知能と我々の未来―人間が磨くべきスキルとは―
情報	ゲーミフィケーションを利用した新しいアプリケーションの提案―ゲーム要素を利用したアプリケーションの設計
家庭	子どもの貧困から考える子どもにとっての食事と教育のありかた―子ども食堂の役割と今後のありかた―
保体	足関節捻挫と予防プログラム―高校生の怪我に対する意識と現状―
保体	児童期の運動遊びはどのような影響を及ぼすのか―ここ10年での子どものあそびの変化

写真4-2　テーマ設定の指導の様子

卒業生の振り返り（1）：研究テーマと初心の大切さ
4回生　中村 翠さん（大阪大学理学部1年生（2018年度））
（第10章ポスター例③参照）

　私は決して優秀な生徒ではなかったので本当に様々なことで苦しみました。その中でも特に苦労したのは「研究テーマ」と「研究結果に正当性を持たせること」でした。

　研究テーマは「自分の興味があること」「社会に役立つかどうか」「高校生でできる範囲か」を両立させる研究テーマは何かを考え続けました。決して最初から最後までこのテーマだと信じて進めていくのではなく，時々立ち止まって自分なりに研究テーマと向かい合って考えていたと思います。また研究を進めていくにあたって，自分の論文を誰が読んでも認めてもらえるような，正当性のあるデータを出すことも大変でした。高校生だとどうしてもデータには限界がありますが，自分のできる範囲で模索しました。

　研究を進めていく中で行き詰まること，苦しいことは多くありましたが，そんな中で初心を忘れないことは常に心がけていました。最初は「こんなことに興味がある」や「これに疑問を抱いた」という何かしらのきっかけがあったはずなのに，研究で行き詰まっているとどうしてもその初心を忘れがちになりま

した。そのような時に「自分は何がしたかったのだろう」ということを再び思い出すことで狭くなっていた視野を再び広げることができたと思います。

　学校での勉強の多くは演習問題を解いたり，暗記したりが中心で成績を数字として明確に示されるようになります。ついつい勉強に追いかけられ，授業についていくのに気が取られて，本来教科が持っている面白さ，自分で見つけ出す感動を忘れてしまいます。教科書に出てくる一つひとつの事実は，昔の誰かが興味を持って見つけ出したわくわくしたもののはずですが，問題を解いて正解を出すことに気を取られていると，つまらないもののように感じてしまうこともあります。

　本校での課題研究（卒業研究）では，自分で考え，悩み，時には先生にも相談しながら未知の答えを探すためにとことん追究することを学びました。大変なこともたくさんありましたが，そのような中で小さなことでも自分で発見できたときには「探究する喜び」を感じられたような気がします。

　探究で学んだ「見つける力」「調べる力」「まとめる力」「発表する力」及び「考える力」は探究的な学習のみならず，普段の学習でも役に立つ力だと思います。「なぜだろう」「どうしてだろう」と自分で疑問を見つけて，自分で調べて…ということを学びましたが，この「なぜ」「どうして」ということが普段から考えられると，より深い理解，本当の学びにつながるのではないかと思います。

卒業生の振り返り（2）：問いの大切さ
4回生　齋藤寛子さん（慶応義塾大学文学部1年生（2018年度））

　私が本校の課題研究（卒業研究）を通して得たものは「問う力」です。問う力とは，素朴な「疑問」を研究の「問い」に仕立て上げる力です。

　我々が日々抱いている「疑問」と，研究における「問い（問題）」は似て非なるものです。「問い」とは研究の軸となるものであり，途中で問いが変わったり，問いと結論がずれていたりすると，その研究はあまりいい研究とは言えません（第1章参照）。だからこそ，私は問いを立てることにじっくりと時間をかけました。

　私は，以前から「子どもの教育」に興味があり，卒業研究は子どもの教育をテーマに進めようと決めていました。しかし，いざ研究の問いを立てるとなると，自分が子どもの教育について何を疑問に思っているのか，どんな問題を解

決したいのかがわからず，困りました。そこで，まずは近年子ども教育で問題になっている，待機児童について調べました。待機児童という言葉はテレビや新聞で度々目にしてはいたものの，実際に現場で何が起こっているのか，調べて初めてわかりました。また，待機児童の解消策として「認定こども園」というものが作られていることを知りました。

　そして調べるうちに，私はふと疑問に思ったのです。認定こども園が増え，他にも様々な解決策が打ち出されているにも関わらず，待機児童が減らない，地域によっては増えているのはなぜなのか。私は，その素朴な疑問を問いにすることにしました。しかし，この疑問をそのまま問いにしては，調査が難しかったり，結論がすでに出てしまっていたりして，研究にはなりません（第1章参照）。そこで，どのような問いを立てれば，調査が行えるか，明確な結論を導き出せるか，社会貢献の要素が入っているか，など様々な視点から問いを精査しました。そして，「認定こども園が普及しているにも関わらず待機児童が減らないのは，その制度や運営に問題があるからではないか」と考え，「認定子ども園には問題点があるのか，あるとすればどのような問題点があるのか」という問いを立てました。

　このように，研究の見通しを念入りに立てて，問題を展開し，問いを立てたからこそ，問いのもとに一貫した研究論文を書き上げることができたのだと思います（インタビュー案は，第5章の資料5-1参照）。問いをどう立てるかによって，研究は全く違うものになります。これはどんな学びにも言えることです。学びにおいて，どう問いを発するかによってそこから学べるものは大きく違ってきます。大学で勉強する中でも，自発的に「問う」ことができるおかげで，どんな授業にも興味を持ち，たくさんのことを吸収できていると思います。

第5章 課題研究の指導

　第4章では，テーマの設定とその指導のポイントについて紹介しました。本章では，テーマの設定を含めて，神大附属において課題研究の指導がどのように進められているのかを具体的に紹介します。

　研究の手法は，実験，観察，アンケート，インタビューなどによって自分でデータを集めて議論する「実証的研究」と，文学作品や歴史資料などをもとに議論する「文献研究」の大きく2つに分けることができます。実証的研究では，自然科学的テーマと，心理学や教育学や経済学などに関わる社会科学的テーマが多くなります。一方，文献研究では，人文科学的テーマが多くなります。高校段階では，自然科学的テーマは理系に，人文科学と社会科学的テーマは文系に分類されることが多いですが，文系研究は，その手法により実証的研究と文献研究に分かれます。

　そこで，本章では，高校段階で馴染みのある分類に合わせて，文系研究と理系研究に分け，前者をさらに実証的研究と文献研究に分けて，順に課題研究の指導の様子を紹介していきます。

1 文系研究の指導（実証的研究）

　本節では文系の実証的研究の指導として，4回生が5年生であった2016年度（表3-1参照）における「課題研究Ⅱ」で開設された「教育と行動心理」講座の様子を紹介します（「講座」については，第4章参照）。

テーマ設定について

　本講座には，「保育環境」「児童養護施設」「子ども食堂」「教師」という，成長過程に関わる組織のあり方と，「行動心理」「占い」「リーダー性」という行動のもとになる人間の「こころ」を研究したい生徒が集まりました。

　講座（ゼミ）は週1回，開設されます。春学期第1回目には，「テーマ決定までの日程と今後の確認」を行いました。4回目の時間に「講座内テー

表5-1 「課題研究Ⅱ」でテーマが決定するまでの講座内容

回	日付	内容	場所
第1回	5月24日	4KPの内容の紹介と振り返り，課題研究テーマについて	普通教室
第2回	5月31日	テーマ設定のためのリサーチ，文献調査，面談	情報教室
第3回	6月 7日	テーマ設定のためのリサーチ，文献調査，面談	情報教室
	6月14日	春学期中間考査	
第4回	6月21日	講座内テーマ発表会	普通教室

マ発表会」が予定されていたことから，1回目は，「4年生でのKP（以下，4 KP）の内容と振り返り，課題研究で行いたいテーマと理由，4 KPと課題研究の関連の有無」について1人3分で説明してもらいました（「KP」については，第3章参照）。それぞれの4 KPの体験を聞いていると，やり残した思いや新たに感じた疑問や課題，「研究できないと思っていたけれどやっぱりやってみたい」という思い等が伝わってきて，生徒たち自身が課題研究の意義を感じていることがわかりました。

第1回目の終わりには，「講座内テーマ発表会」までの日程を確認しました。「講座内テーマ発表会」では，課題研究テーマ，動機，読んだ文献の紹介，研究予定（結果の予測）についてA4用紙1枚にまとめて話すよう求め，第2回目と第3回目にはその準備を行いました。確認したテーマ設定までの予定（全4回）は表5-1のとおりです。

本講座の活動は，3つのパターンに分けられます。1つ目は，個人活動です。全員が情報教室に行き，パソコンで調べたり，情報教室内で本を読んだり，パソコンを用いて文章を書いたりします。2つ目は，指導教員との面談です。情報教室を使い，面談生徒は1人ずつ教員に進捗状況を説明したり，迷っていることを相談したりする一方，それ以外の生徒はパソコンで調べたり文章を書いたりします。3つ目は，グループでの話し合いです。本校では，前期課程より様々な授業で協同学習を行っています[1]。話

※1 神戸大学附属中等教育学校では，その前身の神戸大学附属住吉中学校の時代より協同学習の理論に基づいた指導を行ってきました。その成果は，『生徒と創る協同学習―授業が変わる・学びが変わる―』（明治図書）として公刊しています。

し合う時には本校で行う協同学習の方法を用いて，司会者，発表者，タイマー，質問責任者の役割に分けました。発表者が，進捗状況を説明し，次にやろうと思うことを説明するだけの簡単な発表ですが，発表には，Ａ４用紙１枚のレジュメを用意することと，５分の発表と３分の質疑応答というルールを設けました。

　講座内で話し合うことは，とても有意義です。発表者は，自分の考えを１枚のレジュメにまとめる段階で，迷っていることやわからないことなどを具体的に把握することができます。また，質問者は，発表者の話を理解できなければ的確な質問ができないので，質問を考えながらしっかりと発表を聞くことができます。

　本講座のように，各生徒の研究がバラバラな場合には，いっそう話し合いは有効です。発表者は，自分が研究したいことをよく知らない友人に説明しなければならないため，自然に論理的な説明を心がけるようになり，質問者は，説明を聞いてもよくわからない，内容の弱点とも言うべきことを自然に質問できるようになります。さらに，それを聞いた発表者は，自分が気づいていなかった研究の問題点や，自分の考え方や観点の偏りに気づくこともできます。このように，話し合いは「批判的思考」や「メタ認知」，そして「心の理論」の働きが高まる機会（第１章参照）ともなります。

　発表の時に必要なことは，融和的な雰囲気です。発表者は「できていないことを，どうすればできるようになるのか」について相談するつもりで発表し，他のメンバーは，発表者に対して客観的立場からのアドバイスを心がけることにより，融和的雰囲気が自然に生まれます。そして，発表の終わりには必ず拍手が起こります。このようなことから講座内の協同性が育まれていくように思います。

　生徒自身の「もっと知りたい」という意志が継続されてこそ，中高生が行う課題研究の意義は高まります。課題研究は，孤独であり，場合によっては独善的になりがちですが，発表することによって自身の研究を共有することができ，研究の論理性と汎用性を確認することができます。指導者は，発表者が研究したいことを常に確認し，そのために必要な先行研究の理解や調査等ができているかどうかを確認する「コーディネーター」の役

写真5-1　講座（ゼミ）での発表の様子

割に徹します。そして，生徒一人ひとりが研究の進捗状況を把握できるように，1時間ごとの振り返り，「次回までにすべきこと」「次回すべきこと」「1～2ヶ月後に何が必要かを考えさせること」等，生徒のタイムマネジメントを支援します。そうすることにより，生徒は常に主体的な研究を進めることができるのです。

インタビュー，アンケート調査の指導について

　文系の課題研究の中で，「教育と行動心理」講座のように社会科学的テーマを研究する場合，実験や観察といった理系の課題研究（本章の3節参照）で使われる手法と並んで頻繁に用いられるのがインタビューや調査です。

　「教育と行動心理」講座では，SGHの海外研修やイギリス修学旅行中にアンケート調査を行った生徒や，幼稚園や保育所等いくつもの保育施設を訪問して管理職にインタビューを行った生徒，同学年の生徒全員と保護者にアンケート調査を行った生徒，会社で働く大人たちにアンケート調査を行った生徒等，全員が何らかの形でインタビューやアンケート調査を行いました。本節では，その内容の一部について紹介します。

　インタビューやアンケート調査を行う上で最も重要なことは，質問紙の作成です。

資料5-1　保育所や幼稚園を対象としたインタビュー案
(第4章「卒業生の振り返り（2）」を参照)

質問したい事項

【全ての園に共通】
1. 2015年度施行の認定こども園制度に関しての考えをお聞かせ下さい。
   ① デイリープログラム（1日の流れ）は変わると思いますか。また，変わる場合，どのように変化すると思いますか。
   ② 従来の枠組みでは分けられていた「保育」と「教育」を融合させることは可能だと思いますか。
   ③ 認定こども園は幼稚園と保育所の要素を併せ持つと言われますが，従来の幼稚園や保育所とどのように異なると思いますか。
   ④ 現場の先生の採用については何か変化があると思いますか。

【現在のところ幼稚園・保育所の方へ】
2. ○○園（幼稚園または保育所の名称）についてお聞かせ下さい。
   ① 認定こども園に移行する予定はありますか。
   ② 移行しようとした場合，何か生じる問題はありますか。
   ③ 認定こども園移行に関する情報は十分に提供されていると思いますか。また，どのようなところからその情報を得ていますか。

【認定こども園の方へ】
2. ○○園（認定こども園の名称）についてお聞かせ下さい。
   ① 認定こども園になり，以前とどのような点が変わったと思いますか。
   ② 認定こども園に移行する際に何か問題は生じましたか。また，それはどのような問題ですか。
   ③ 認定こども園を運営して感じた良い点，困った点は何ですか。
   ④ 認定こども園運営に関する情報は十分に提供されていると思いますか。また，どのようなところからその情報を得ていますか。

　インタビュー調査を行う際には，目的を明確にし，どのような人にインタビューを行うべきかを慎重に検討する必要があります。生徒たちは，万人にインタビューを行えるわけではないので，つい同じ学校の友だちや知り合い等を頼りたくなります。しかし，調査に汎用性を持たせられるか否

かは，インタビュー対象者次第だと冷静に考え，対象の選抜を慎重に吟味する必要があります。その上で，対象者を選び，対象者と共通点・相違点（年齢，性別，立場等）を持つ4人以上の人を探し，依頼することを勧めます。そして，日時や場所のアポイントメント，インタビューの形態，質問内容と順序，1回のインタビューにかける時間，回数等，あらかじめインタビューの計画を立て，インタビューガイドを作成する必要があります。質問者自身がインタビュー中にメモを取ったり観察したりすることは難しいので，メモを取ってくれる協力者を得たり，録音や録画の許可を得ることも必要です。

　アンケート調査を行う場合には，質問紙に，研究の上で明らかにしたいことを項目立て，回答者側の立場を考えて作成することが必要です。本講座の中には，調査したいことが多すぎてA4用紙4枚のアンケート用紙を作成した生徒がいました。アンケート内容が多すぎると，回答者の負担が増え，真面目に回答してくれる人が少なくなり，アンケートの意義が失われます。そのような場合，指導者は生徒に対して，「本当にここで明らかにしたいことは何か」「そのために必要な項目は何か」「答えやすくするために選択肢を工夫できないか」等を確認する必要があるでしょう。その生徒は，3度の推敲を重ねて，項目の立て方を変え，4件法で回答できる項目と選択群から選択して回答する項目を併用することで，1枚のアンケートにまとめることができました。アンケートの整理は，アンケートを回収して分析する際にも必要なことで，アンケート項目を厳選することにより，項目ごとの回答がクリアになり，クロス集計によって回答の関連性に気づくこともできます。

　いずれにせよ，生徒が作成した質問紙を，同じ講座内で予備調査を行ったり作成者本人に被験者体験をさせたりして，何度か作り直す作業が必要です。丁寧にシートを作成すれば，調査をスムーズに行うことができ，意味のある回答が得られ，適切な分析を行うことができるようになります。

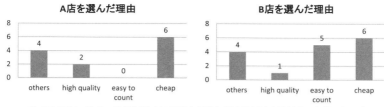

すべてのサンドイッチが17%オフの店Aを選んだ人は12人(42.9%)，2ポンドの店Bを選んだ人は16人(57.1%)だった。

図5−1　研修先のイギリス人を対象とした「どのような店を好むか」についてのアンケート回答の集計結果の一部

2 文系研究の指導（文献研究）

　本節では文系の文献研究の指導例として，4回生が5年生で行った2016年度「課題研究Ⅱ」（卒業研究）の「世界と地域の課題の歴史的探究」講座の様子を紹介します。

テーマ設定について

　本講座には，社会的関心が高く，「歴史」に興味・関心がある生徒たちが9人集まりました。彼らが1年半に及ぶ苦闘の上，最終的に提出した論文タイトルは，次の通りです。

A：「台湾における日本の植民地教育の考察―日本統治下の公學校修身書（台湾）と尋常小學修身書（日本）を比較して―」**（第10章卒業論文例②）**

B：「独仏歴史認識と相互理解の試み―共通歴史教科書の分析を通して―」

C：「神戸と台湾に於ける樟脳取引史―鈴木商店を中心に考察する―」

D：「鉄道事故による安全性向上の歴史的考察―旧国鉄及び近鉄事故の教訓・改善分析―」

E：「神戸に国際博覧会を招致するには―環境調和と地域活性化に注目して―」

F：「日本における刑罰の問題点―刑罰思想史と法制史の観点から―」
G：「神戸米騒動と新聞報道―社会運動史とマスメディアの関係についての一考察―」**（第10章ポスター例②）**
H：「神戸が受け入れた難民とその顛末から―難民政策の今後の課題を解く―」
I：「古文書が語る用水問題―江戸時代の住吉水系を通して―」

テーマの限定

　講座が始まった時，多くの生徒が研究テーマを考えたものの，問題意識の大きさとは逆に，研究にどう着手すべきか悩んでいました。A君の問題意識（大きな「問い」）は，「現在の台湾，韓国，パラオ等の各国の対日感情の違いは，日本の植民地支配の在り方，なかでも教育の違いにあったのでは？」，B君は「ヨーロッパでは共通教科書が実現しているのに，東アジアで難しいのはなぜか？　EUに対して東アジア共同体の実現が難しいことの手がかりになるかもしれない」というものです。社会的な課題をまじめに考えているのですが，時間的制約の多い高校生にとって，問題意識をそのまま研究対象とすることは不可能で，研究テーマの限定が必要になります。本講座ではテーマ相談期間（4週間）では足らず，多くの生徒が夏休みに入るまでの10週間程度をテーマ限定作業にかけることになりました。
　テーマの限定に際し，役立ったのが「仮目次」（表5-2）と「研究計画書」（表5-3）の作成です。「仮目次」は5月末，夏休み前，夏休み明け，10月末の4回，「研究計画書」は夏休み前，10月初旬に提出を求めました。「仮目次」を作成し「研究計画書」を完成しようとすると，「仮目次」通りに簡単に記入できないことがわかり，途方に暮れることになります。そこで講座の役割が重要になります。講座内での発表は，原則輪番制で行い1回に3人程度，1ヶ月に1回は進捗状況を報告し，他のメンバーからコメントをもらうスタイルで進めました。特に「研究計画書」の作成は難題で，当初は空白だらけのものも多かったのですが，担当教員との面談や発表時のメンバーの質問やコメントに励まされ，試行錯誤の中で「研究計画書」を充実させると共に，研究可能なテーマに絞り込んでいきました。

表5-2　仮目次から目次へ（A君の場合）

仮目次（5年生の6月）

```
第1章　序論
　第1節　日本の植民地支配と教育
　　1.朝鮮支配と教育
　　2.台湾支配と教育
　　3.南洋庁支配と教育
　第2節　調査方法
　　1.植民地の教育制度
　　2.植民地の教科書
第2章　植民地教育の特色
　第1節　戦前日本の教育
　第2節　朝鮮の教育制度と教科書
　第3節　台湾の教育制度と教科書
　第4節　南洋庁の教育制度と教科書
　第3節　植民地教育の比較
　　第1節　戦前日本と植民地教育の比較
　　第2節　朝鮮，台湾，南洋庁の教育比較
第4章　結論
　参考文献，資料
```

最終目次（6年生の7月）

```
第1章　序論
　第1節　背景
　　1.修身について
　　2.日本の植民地支配について（台湾を除く）
　　3.台湾における植民地支配について
　　4.先行研究について
　第2節　目的
　第3節　調査方法
第2章　調査結果と分析
　第1節　尋常小學修身書と公學校修身書の目録の比較
　第2節　尋常小學修身書と公學校修身書で共に扱われている教材の比較
　　1.『よい日本人』
　　2.教育勅語の要約について
　　3.二宮尊徳（金次郎）の扱いについて
　第3節　公學校修身書の一方でのみ扱われている教材について
　　1.巻一の冒頭に載せられた絵、衛生に関する記述について
　　2.規律に関する記述について
　　3.北白川宮能久親王について
　　4.女性の役割について
第3章　結論
　参考文献，資料
```

表5-3　研究計画書

研究主題	
①なぜ，このテーマを選んだのか	
②研究の社会的意義，および特色	
③研究方法／予想される結果	

仮目次	今後の研究計画		
はじめに	①②③等		日程
第1章 「　　　　」 ＊可能なら節	④研究計画・方法 ⑤章の中心資料 ⑥研究環境（どこで，何をするのか）		
第2章 「　　　　」 ＊可能なら節	④研究計画・方法 ⑤章の中心資料 ⑥研究環境（どこで，何をするのか）		

＊「研究計画書」例（資料5-2）のレイアウトを変更している。

史資料の発掘

　情報の収集・整理については，共通テキスト『大学生のためのリサーチリテラシー入門』（山田・林，2011）を活用しています。4年生での「課題研究Ⅰ」（卒業研究入門）で，「情報の探し方」「大学図書館の使い方」の講義を実施し，一般的な解説はしていますが，リサーチクエスチョンを立てた上での情報の収集・整理作業では，さらに高度な内容が要求されます。

　また，文献研究には実験や調査を主とする実証的研究とは異なる難しさがあります。本校の卒業研究の場合，「課題の発見，データの収集と検証，概括，論文執筆，発表」という筋道を通りますが，歴史に限らず，文献研究の場合，データの収集と検証過程が生徒の想像以上に難しいのです。歴史は1回きりの現実ですから，「実験」をしてデータを得ることはできませんし，インタビューやアンケートによる意識調査も行うことができません。

　そこで重要になるのが史資料の存在です。生徒には資料勝負になることを強調すると共に，資料の収集方法についてアドバイスします。ただし，問題意識に基づいてリサーチクエスチョンを立て，大学図書館やWebcat Plus，カーリル等のネット検索等に頼ったとしても，短期間にその「問い」に応えられる史資料に巡り合えるとは限りません。したがって，「問い」を限定してリサーチクエスチョンを立て，それに見合った史資料を発掘する方法もあれば，「問い」の限定作業と同時並行で関連史資料を発見・収集・加工し，手持ちの資料を基にリサーチクエスチョンを立てる方法も有効と考えられます。ただし，後者の場合は史資料の意味を理解するための歴史的背景についての深い理解が必要となります。教師の役割は，下手に指図するのではなく，「研究過程における生徒の声（悩み）」をよく聞く（対話する）ことだと思われます。

　Gさんは，神戸大学文学部（大学院生・学部生）の協力を得ながら，神戸の米騒動に対する地元紙「神戸新聞」と「又新日報」の報道記事を比較検討し，神戸財界に近い「神戸新聞」と民衆に近かった「又新日報」の立場を実証しました。さらに，政府の米騒動記事差し止めに関する各紙の動向等を調査し，記事差し止めに対する反発を機に，新聞の発行数が飛躍的に伸びる（表5-4）とともに，米騒動が友愛会に与えた影響や新聞報道が

表5-4 大正5年から大正11年の年末の東京，大阪，兵庫，全国における有保証金かつ日刊の新聞の数，新聞および雑誌の数の推移

	東京				大阪				兵庫				全国			
	有保証金，日刊	(-(前年))	合計	(-(前年))	有保証金，日刊	(-(前年))	合計	(-(前年))	有保証金，日刊	(-(前年))	合計	(-(前年))	有保証金，日刊	(-(前年))	合計	(-(前年))
大正5年	95		1118		33		227		14		109		508		3066	
大正6年	84	-11	1123	5	33	0	248	21	16	2	116	7	504	-4	3018	-48
大正7年	91	7	1173	50	33	0	294	46	15	-1	131	15	493	-11	3123	105
大正8年	110	19	1016	-157	129	96	421	127	22	7	142	11	602	109	3423	300
大正9年	121	11	1055	39	40	-89	350	-71	21	-1	160	18	623	21	3532	109
大正11年	131	10	589	-466	46	6	447	97	29	8	202	42	690	67	3870	338

データの出典）「大日本帝国内務省統計報告」第32～37回より筆者作成

内閣の存亡を左右するほどの力を持つ時代に入ったことに論及しました（第10章のポスター例②参照）。

　テーマの限定に苦慮していたA君は，日本・朝鮮・台湾・南洋庁の四者を比較することをあきらめ，日本と台湾の教育に絞ることにしました。また，戦前教育の特色が修身教科書に表れていることから，教育全般を対象とするのではなく，研究対象を修身教科書に限定し，教科書記述の比較を通してリサーチクエスチョンを立てようとしました。日本の尋常小學修身書（1934年版）は入手できましたが，台湾公學校修身書を探し出すのは大変でした。幸いにも本校の交流協定校であった台灣國立高雄師範大學附屬高級中學の協力で，宜蘭縣史館所蔵の1930年版公學校修身書第二種（全6巻）の内5巻を入手することができました。

リサーチクエスチョンの再構成

　史資料にめどが立ちテーマの限定が進むと，やっと「研究計画書」を埋めることが可能となり，当初考えていたリサーチクエスチョンの再構成を行うことになります。その際，目次の構成（章，節まで）を再吟味することと，史資料を徹底的に読み解くことが重要になります。

　A君の場合は，「尋常小學修身書と台湾公學校修身書の教材における共通点と相違点はなにか，それはなぜか」という「問い」となりました。具体的には，(1)「目録」「登場人物」「よい日本人記述」「二宮尊徳記述」の

表5-5 『がくもん』と『きんけん』の比較

	尋常小學修身書 巻三より 六 がくもん	公學校修身書第二種 巻四より 第十二 きんけん
叔父の家で世話になる	金次郎が十六の時，母がなくなりました。それで，二人の弟は，母の生まれた家に引取られ，金次郎はをぢの家にせわになることになりました。金次郎は，をぢのいひつけをまもつて，一日，よくはたらきました。さうして，夜になると，本を讀み，字をならひ，さんじゆつのけいこをしました。	尊徳は十六の時母をなくしました。二人の弟は母のさとにひきとられ，尊徳はをぢの家へ行つて世話になりました。 尊徳はよくをぢのいひつけを守り，一日働いて，夜になると本をよみ字をならひ，さんじゆつのけいこをしました。
開墾	しかし，をぢは，あぶらがいるのでがくもんをすることをとめました。…(中略)… そこで，自分であれ地を開いてあぶらなをつくり，そのたねをあぶらやへ持つて行き，<u>あぶらに取りかへてもらつて，毎晩，がくもんをしました。</u>しかし，をぢがまた，「本を讀むよりもうちのしごとをせよ。」といひましたので，夜おそくまでをぢの家のしごとをして，その後でがくもんをしました。	尊徳は仕事のひまくに，川ぞひのあれ地をひらいて，人がすてたなへをひろつて植ゑました。秋になつて一ぺうあまりのもみがとれましたから，よく年からはだんくたくさん植ゑました。
二十歳の時	二十さいの時，金次郎はあれはてた自分の家へもどりました。さうして，一生けんめいにはたらいて田や畠を買ひもどし，家をさかんにしました。また，世のため，人のためにつくして，後々までもたつとばれる，<u>りっぱな人になりました。</u>	二十さいの時そのもみで，少しばかりの田を買ひました。それからをぢにれいをいつて，自分の家へかへつて來ました。 尊徳はあれた家をなほしてすみ，一心に家業をはげみましたから，すう年の中に<u>立派な農家になりました。</u>

A君論文本文より：このように部分ごとに比較すると，尊徳が荒れ地に苗を植えた後の話が大きく異なっていると分かる。尋常小學修身書では，学問に徹する尊徳が描かれ，最後は「りっぱな人になりました。」と締められている。しかし公學校修身書では，農業に従事する尊徳が描かれ，最後は「立派な農家に」なる。ここには，台湾総督府が台湾人に求めた理想が，「学問に秀でた人間」よりむしろ「勤倹な農家」であったことが分かる。
臺灣總督府臺北高等學校の卒業生に台湾人は2割程しかおらず，臺北帝國大學の学生のうち台湾人は多い年で3割程であった。 [臺灣省，1947]

共通点と相違点に関する両教科書比較（表5-5），(2)公學校修身書の一方で扱われている教材「衛生」「規律」「北白川宮能久親王」「女性の役割」がなぜ書かれているのかについての「問い」を掘り下げ，「公學校修身書が，尋常小學修身書を基にしつつ台湾における統治の事情を考慮して，編集されたことが明らかになった。その事情は大きく分けて3つに分けられる。それらは『皇民化教育の側面』『日本語の習熟度』『台湾人の習慣』である」という結論を導きました（第10章の卒業論文例②参照）。

文献研究の典型例としてA君の卒業研究を取り上げましたが，他の生徒

写真5-2　ゼミのメンバー同士での励まし合い

も今までの水準を超える作品を仕上げてくれたと思います。その際，生徒の励まし合いを組織した講座の役割が大きかったと実感しています。ただ，歴史的研究の場合「社会的意義」や「学術的意義」を示すことが，生徒には難しいことと映るようです。多くの場合，現実的な問題をストレートに対象とする研究ではないので，社会的意義も抽象的で生活実感に乏しく映る場合もあります。研究内容を無理に現実問題に結びつけようとすると，研究の論旨を乱すことになります。また，文献研究では背景的理解も含め多くの文献調査が求められるのですが，限られた時間の中で，先行研究もなかなか網羅するわけにはいきません。高校生における文献研究の独自性を踏まえた研究方針が今後必要になると考えられます。

3 理系研究の指導

　本節では理系研究の指導として，4回生5年次2016年度における「課題研究Ⅱ」（卒業研究）で開設された「自然科学」講座の様子を紹介します。

テーマ設定について

　第3章と第4章で紹介されたように，本校の生徒は4年次の「課題研究Ⅰ」でテーマを深める方法を学んでおり，共通テキスト『大学生のためのリサーチリテラシー入門』（山田・林，2011）などを参考に，全員が仮テーマを立て，各講座に分かれます。「自然科学」講座は仮テーマの段階で自然科学系（特に生物系）の実験を中心とするテーマを希望した8名の生徒からなる講座でした。具体的なテーマが決まっている生徒はおらず，大まかに「イノシシ」「ミドリムシ」「微生物」を対象に研究をしたいという生徒（それぞれ1名ずつの計3名），および「植物のしくみについて（3名）」「動物の行動について（2名）」をそれぞれ研究したいという生徒が集まりました。

　「課題研究Ⅱ」の初回の授業では，生徒は小集団で自分の4年次のテーマの振り返りと今後の研究の見通しについて説明し，生徒同士で意見交換を行いました。その後の授業では情報収集および先行研究の調査を行い，講座内テーマ発表会につなげました。情報収集の初回には，前述の共通テキストを用いて CiNii や Google Scholar の検索方法，および大学図書館 HP の活用方法などの復習を行ってから取り組ませました。また，情報収集の合間に個人面談を行いました。

　本校の卒業研究はグループ研究ではなく個人研究なので，こちらからテーマを与えるのではなく，「自分でテーマを見つける」ことを重視しています。そのため，実験の材料も，その内容もバラバラです。教員は専門家ではないので，専門外のテーマについては，指導というよりも基本的なアドバイスになる面が否めませんが，一緒に学んでいくという姿勢で臨んでいます。本講座では，「研究計画書」（資料5-2）などを適宜用いながら，面談等を通してテーマを絞っていく作業を行いました。はじめは高校生レベルでは研究することが不可能なテーマを掲げる生徒もいましたが，基本的に学校や自宅で用意できる施設・設備・器具等で行うことができる実験や調査とすることを推奨し，実現可能なテーマにするように指導しました。また，理科室やその準備室にある実験機材や器具を一通り講座の全員に説明し，校内でできる範囲の実験をイメージさせました。結果として，「教室の

使用済み雑巾の菌数測定」（第10章のポスター例④参照），「カイワレ大根の生育に最適な光条件とは」など，身近な疑問からスタートし，学校や自宅で実現可能な実験や調査を行う生徒がほとんどとなりました。

長期休業中の研究について

　研究を行うにあたっては，比較的自由に時間の使える長期休業を上手に利用させました。

　夏季休業中の前半には，テーマが決定し，専門家の意見を聞きたいという生徒がいたので，まだ明確なテーマの決まっていない生徒とともに大学の研究室を複数回訪問し，大学の先生や大学院生に話を伺いました。実際に研究をしている方々に話を聞くことは，生徒たちにとって大いにヒントとなるとともに，モチベーションの向上につながったように感じました。また，大学で実験材料（ミドリムシなど）を分けていただくこともできました。生態調査を進める生徒は，市役所等各機関に連絡をして実際に話を聞きに行き，資料の提供をお願いするなどしました。

　生徒は部活動や塾の講習等で忙しくしていましたが，その合間を縫って少しでも研究を進めることを推奨しました。また，課題研究専用のメールアドレスを用いて，長期休業中も適宜進捗状況の報告をさせました。

授業の進め方について

　週1回の授業（講座）は，基本的に「相談会」と「ゼミ」の2つの形式で進めました。

　「相談会」は，教員および卒業研究アドバイザー（大学院生のTA）と時間内に個別に相談を行う方式です（TAの指導についてはコラム参照）。先行文献や予備実験の内容などから，生徒が考えていることを整理させ，どのように進めていくかの相談にのるとともに，データ整理や報告書・論文執筆等に時間を充てました。「ゼミ」は，発表者がA4用紙1枚のレジュメを作成して，書画カメラを用いながら自身の研究の進捗状況を報告し，それに対して講座のメンバーが質疑応答をしながら議論した後，教員および卒業研究アドバイザーから今後の進め方等について助言を行う形です。ただ，

教員は専門家ではないので，実験方法の不備やデータの偏った解釈，ブランクテストの不足などを指摘した上で，他のメンバーとともに改善策などを一緒に考えていく方向で進めました。当初は発表内容において，リサーチクエスチョンとそれを解決するための実験・調査のズレが目立ちましたが，回を重ねるごとに論理的に発表を行うことができるようになってきました。質疑応答においても，質問が出なかったり，応答内容に根拠がなかったりする場面も多かったのですが，次第に批判的思考（第1章参照）の力が高まり，的を射た議論ができるようになってきたように思います。

対話を進めることにより，生徒は意欲をもって研究を進めることができたようです。テーマは個人で異なりますが，同じ分野で研究を進める講座の生徒たちが進捗状況を共有し，議論の中から自身の研究を再確認し，ヒントを得て進めることができているように感じました。

週1回の授業時間は上記の形式で行うので，実際の実験・調査・論文執筆等は，基本的に昼休みや放課後，長期休暇などを利用して行わせることがほとんどでした。部活動等に所属している生徒も，授業開始前や昼休み・放課後に時間を見つけて実験に勤しむ姿が見られました。また，時間的都合で実験室の利用や実験器具の貸し出しに対応できない場合もあり，自宅で実験を進める生徒もいました。

実験・調査とデータの扱いについて

実証的研究の基本的な探究の手法である「予備調査」「仮説の設定」「実験」「結果の検証」「さらなる仮説の設定」（以後サイクル）という一連の流れについては，理科の授業では必ず学習します。しかし頭ではわかっていても，実際に自分で仮説を立て，実験を計画し，プロトコルを作り，実行していくのは生徒にとって初めてのことがほとんどです。実験ノートの作成，そして条件や手順・方法などを適宜ノートに記入することの必要性については，ゼミ形式の授業の中でも何度か指摘しました。特に生物系の実験では，誤差が大きく，サンプル数も重要になるため，どのくらいサンプルがいるかは悩ましいところでした。再現性が得られず，昼休みや放課後等を最大限利用して何度も実験に取り組む生徒もいました。

また，主観を極力排除し，客観的なデータを出すように指導しました。例えば植物の花弁の色の変化であれば，単に「赤くなった」「変化がなかった」ではなく，先輩の論文を参考にして，写真を撮って画像解析ソフトを用いるなど，具体的に数値化することを勧めました。その結果，ミドリムシの増殖によるフラスコ内の液の色の濃さを，顕微鏡で見た単位格子あたりのミドリムシの数を数えることによって求めるなど，定量的な実験を生徒が自ら考え，工夫する姿も見られました。また，実験結果をグラフにする時には，誤差範囲を表すためエラーバーを必ず入れるなど，図表の扱いについてもゼミ形式の授業の中で指摘し，全員に伝わるようにしました。

　データの扱いについては，本書の編者の林　創准教授など大学の先生にお越しいただき，レクチャーをしていただいたことが役立ちました。特に，「高校生ではまず記述統計をしっかり行うといいのではないか」とのアドバイスをいただき，参考になりました。また，データの検定については大変悩ましいところでしたが，必要に応じて有意差の有無まで求めさせました。

論文の執筆について

　途中で何度かレジュメおよび報告書（レポート）の提出を課し，ある程度データが揃ってから論文の執筆に取り組ませました（この方法は講座によって異なり，必ずしも統一が図られているわけではありません）。研究の中心が実験となる生徒が多かったので，特に字数等は気にせず書かせました（本校では論文に18,000字以上という文字数の指定がありますが，理系論文等で内容が十分とみなされれば，字数制限はその限りではありません）。

　また，年度の後半にはゼミ形式の授業の最後に，生徒の報告書や一次論文の中で気になった表現や言い回し等を中心に，「論文Tips」（資料5-3）を生徒と共有しました。「論文Tips」は文章が長かったり，繰り返しの表現があったりするなど，基本的な文章の構成について，生徒がよく起こしてしまう間違いなどをまとめたものです。これは，講座終了後の自由記述アンケートで「役に立った」との回答も多く得られました。最後は卒業研

究アドバイザーの方と相談しながら論文を添削し，最終論文を提出させました。

校内での理系講座の進め方について
　本校の卒業研究において，理系講座での取組の多くは同様の形で進められています。評価のルーブリック（第6章参照）も少しずつ明確なものとなり，スムーズな指導が行われているようになったと感じています。学校として，卒業生の論文が蓄積され，また大学や他機関とのつながりが増えることで，さらに内容の濃い研究が出てくると考えられます。

4 少人数で構成される講座（ゼミ）の指導のポイント

　ここまで文系と理系に分けて，神大附属での具体的な課題研究の指導の例を紹介してきました。本節では，あらゆる課題研究に共通する少人数に対する指導のポイントを考えていくことにしましょう（第2章も参照）。

指導者に期待される機能
　学習者を指導する過程で指導者に期待される機能はいくつかに分類できます。講義形式の授業で一般的なものが，①-a【学習者に対し直接】②-a【知識の供与を】③-a【生徒が活動を行う前に行う】指導です。これに対し，机間指導や添削の形で生徒にフィードバックを返す行為は，①-a【学習者に対し直接】②-a【知識の供与を】③-b【生徒が活動を行った後に行う】と整理できます。また，それ単体では知識の供与を伴わない，問題演習やグループワークなどの活動の指示については，①-a【学習者に対し直接】②-b【活動すべき課題を提示する】と整理できるでしょう。学級経営において求められる事項に代表されるように，①-b【学習者が学習しやすい環境を間接的に整備する】指導も無視できません。このように，指導者主体から学習者主体となる指導へと順に，〈知識供与型〉〈活動評価型〉〈課題提示型〉〈環境整備型〉と整理してみます（図5-2）。
　この4分類の中で，課題研究において枢軸をなすのは，「課題提示型」の

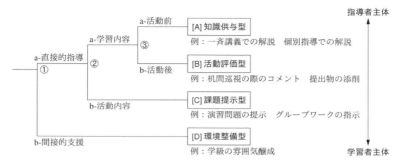

図5-2 学習の際に指導者に期待される機能の分類（若杉，2016を改変）

指導と「活動評価型」の指導です。提示した課題への取組に応じた生徒個々の評価は，研究を駆動させるうえで重要な指導でしょう。実験，調査といった方法や，論文の書き方や発表の技法などは，「知識供与型」の指導による伝達が可能であり，効率的でもありますが，少人数ゼミの形態をとる「講座」（第3章参照）で指導者がすべきことは，むしろ生徒個々に応じたアドバイスです。また，生徒が前向きに探究に取り組むための「環境整備型」の指導も必要となります。このように，課題研究を指導するうえで，学習者に適切な課題を提示するとともにその成果を評価しつつ，探究の意欲を保つべく環境を整えるのが指導者の役割といえます。

テーマ設定での指導のポイント

研究においてテーマ設定は極めて重要で，かつ困難な作業です（第4章参照）。同時に，教員の指導にも困難がみられます。

ある程度テーマを自律的に設定できる生徒は，テーマが1年以上の研究に耐えうるものであるか，また，生徒自身で実施可能なテーマであるかについて，それぞれ評価する指導がメインになるでしょう。具体的には，リサーチクエスチョンが社会的・学問的意義を持ち（第1章参照），かつ自らの関心と合致する「大きな問い」に部分的にでも解答するものであるかについて，また，リサーチクエスチョンが十分絞り込めた「小さな問い」となっているか（第1章参照）についてコメントを返すことが主となります。

一方，そうでない生徒については，生徒の興味の整理・明確化，また特

に「小さな問い」への細分化を手伝ったり，さらには，生徒が関心を持ちそうで，かつ社会的・学問的意義を持つ「大きな問い」を指導者側からいくつか提示したりすることも必要となります。この際，高校生がどのような研究テーマに取り組み，またどのような研究テーマで成果を出しているのかについて，事例を多く知っているほど助言がしやすいでしょう。

　良いテーマや問題のあるテーマについての事例分析は先行図書（宅間，2008；後藤他，2014）が参考になりますし，SSHやSGH指定校の発表会を見学に行くことも大いに役立ちます。また，大学生対象ですが，山田・林（2011）の指導事例も高校生に応用可能です。酒井（2017）が指摘しているとおり，「取り組む問題が高尚で固い必要はない」ことに教員側が留意するとともに，生徒にも伝えて視野を広げさせることも大切です。

研究の計画・遂行での指導のポイント

　調査を計画および遂行する段階では，研究内容については調査方法の妥当性の評価のみでほぼ十分と考えられます。ここでは，生徒が計画する調査方法が立てた「小さな問い」に答えることに寄与しているか，そして「小さな問い」に答えることに集中するあまり「大きな問い」との関連を見失っていないかという2点についてリマインドやフィードバックを行うことが中心となります。研究対象そのものに対する教員の知識については，もちろんあるに越したことはありません。ですが，生徒に「研究」をさせている以上，生徒が教員よりもその対象に詳しくなることは当然起こりえますし，むしろそうなることを期待すべきなのです。ですから，研究対象そのものに対する知識を教員側から教えることは，研究指導において必須ではないでしょう。

　生徒の研究テーマが担当教員の専門性と一致している場合は，研究手法のアドバイスが可能です。例えば，実験を行う実証的研究であれば，心理学のような社会科学的テーマであっても理科教員であれば大まかな方向性のアドバイスは可能でしょう。そのほか，テキスト分析や史料批判など，各教科の授業で通常指導される事項を研究方法として採用している研究については，教員側からのある程度の積極的な働きかけもできるでしょう。

これに対して，教員の専門分野と離れたテーマに取り組む生徒を担当している場合，教員は当該分野の細かな調査手法を学ぶより，その分野の知識獲得過程に関する大きな考え方を把握しておくほうが有効だと考えられます。この把握には，Heydorn & Jesudason（2016）が参考になります。

　しかし，この段階の指導は調査方法の妥当性というよりもむしろ，質はあまり問わずにとにかく生徒に何らかの調査をさせることに主眼をおくほうがよいと考えられます。生徒の研究が失敗するのは，「調査方法が妥当でない」からだけでなく，そもそも「生徒が何も調査を進めようとしていない」からという場合が多いのです。この理由の1つは，どう手を動かしてよいか生徒が自ら見出すことができないためです。筆者はゼミでプログレス・レポート（進捗状況の報告）をさせていますが，そのときには必ず「次回の発表までに挑戦したい調査」を述べるという課題を与えています。自力でそれを見いだせない生徒に対しては，筆者側から「次回までに○○には手をつけられるはずだから，やっておいで」と具体的な課題を与えることもあります。もう1つ大きな理由として，研究に対する意欲の低下が挙げられます。「研究」，すなわち解いたことのある者が周囲に誰一人いない課題に取り組む場合，当然ながら予期した結果が得られないことがほとんどです。これは，生徒が解けることを前提として提示される教科学習の課題と比較すると，生徒の精神的な活力を大きく奪います。ですから，筆者は生徒に対し，「手を動かして『成功』したら100点，手を動かして『失敗』できたら95点，何も手を動かしていないのは0点」などと評しながら，生徒が何らかの作業に取り組んだ場合はその内容や結果を問わずにすべて肯定的に評価するところから始めています。そうすることで，調査の成果に対してではなく調査を行ったことそのものに達成感を覚えさせ，研究に対する意欲の低下を可能なかぎり予防しています。

研究のまとめ・発表の指導のポイント

　研究のまとめに際しては，論文および発表の形式に関する評価，特に添削に重点を置くことになります。具体的に何を指摘すればよいかについては参考となる図書が既に多く発行されていますので（石黒，2012；酒井，

2017；酒井，2018；高橋・片山，2016)，そちらを参照いただければと思います。むしろこの段階においても前項同様，生徒が作業に着手したことそのものの評価が重要です。特に一定量を超える論文添削の際には，生徒が文字数を書いてきたことをまず肯定的に評価したうえで，内容面で改善が必要な点を添削するのがよいでしょう。

講座（ゼミ）における注意点

　上記のどの段階においても，講座（ゼミ）で教員から発表生徒に対するコメントは，なるべく発表者以外の生徒にも当てはまる事項を含めて，一対一の問答にならないほうがいいでしょう。また，生徒相互の質問については，内容を問わず質問をするという行為について無条件で肯定することで，質問を積極的に行うよう促すことも考えられます。生徒の質問生成能力が向上するということは，すなわち自らの課題に対するメタ認知力（第1章参照）も向上することにほかなりません。あわせて，研究が進捗しない苦しみを講座のメンバー全員で分かち合い，全員で全員の研究を進めていくという雰囲気を作ることができれば，前述の意欲低下の予防にもつながります。

まとめ

　本節の最後に，課題研究で有効であろう指導を，その類型と段階別に表5-6に整理しました。このうち，「活動評価型」の指導については，研究対象固有の深い知識がなくても乗り切れるとはいえ，論文の添削など，探究的な学習に特有の準備が一定程度求められます。しかし，それ以外で，例えば「生徒自身の関心の明確化」については，教員が進路指導の際に行ってきた指導とほとんど相違ないと考えられます。「課題提示型」や「環境整備型」の指導についても，進路指導や学級経営で求められる機能と重なる部分が多いといえるでしょう。「総合的な探究の時間」が始まることで，探究的な学習の指導に不安を覚える教員が多いと思われますが，従来行ってきた指導の経験に加えて，探究的な学習特有の事項を少し意識するだけで，対応できると考えられます。

表5-6　少人数講座で有効であると考えられる指導（若杉，2016を改変）

	知識供与型	活動評価型	課題提示型	環境整備型
テーマ設定	・生徒自身の関心の明確化 ・意義のある問いの提示	・テーマの妥当性の検討	・次回報告までの課題の設定 ・上記を自律的に行わせるメタ課題設定	・研究進捗の積極的肯定 ・受講者間の協働的雰囲気醸成
調査の計画・遂行	・教員の専門分野と合致する場合，研究手法等の紹介	・研究手法の妥当性の検討 ・調査を遂行していることの確認		
まとめ・発表		・発表方法の妥当性の検討		

コラム：TA（ティーチング・アシスタント）の振り返り

2016年度〜2017年度のTA　遠藤宏朗さん（鳥取県園芸試験場研究員）

　私は神戸大学大学院農学研究科在籍中の2年間，主に理系の講座で卒業研究アドバイザーを務めました。そもそものきっかけは，教育実習を終えてからも教育現場に関わっていたいとの思いでした。教科書や参考書など一切存在しない中，完全な手探り状態からスタートしたアドバイザー勤務でしたが，想像以上の困難に直面したり，自身の学業との両立で心が折れそうな時期もあったりしました。しかしながら，当時を振り返ると本当に素晴らしい経験をさせてもらったと思います。

　私がアドバイザーとして最も大切にしていたことは，先生と生徒の架け橋となり，双方を支えることです。アドバイザーは生徒にとって，ふだん先生にはなかなか相談しづらいことも年の離れた兄弟のように話せる立場にあります。また一方で，先生方が生徒に伝えにくい部分を的確に生徒の指導に反映させることができる立場でもあると思います。ただし，それは単に先生と生徒をつなぐ伝書鳩になるということではありません。生徒の研究や論文を私の知識や考えで完成させて終わりではないし，かといって先生方の指導方針に沿って業務

をこなすだけでもいけないと考えていました。たとえ専門外のテーマを持つ生徒の担当になっても，生徒以上にその内容を勉強・理解しておき，研究方針を整理できれば，アドバイザーは生徒にとってこれ以上ない心強い存在になると思います。そういった思いから，一方的にこちらの意見をアドバイスするのではなく，生徒が調べた内容や実験結果を織り交ぜて解決の糸口を一緒に探すように心がけました。こうした関わり方を根気強く続けたことで，生徒は何に興味があるのか，何を解き明かしたくて研究するのかを把握できたので，多忙な先生方とも内容の濃い連絡が取れ，指導方針がブレることなくスムーズに研究をサポートできたと思います。

　私は，彼らの研究の目的をKPで完結させてほしくないと考えていました。KPで取り組んだ成果の何か一つでもいいので大学生活やそれに続く将来に活かして欲しいと思ったのです。特に理系では研究や論文に関するルールが山ほどあることを私が痛感しているからこそ，やるからには彼らの将来を見据え，ワープロや表計算，プレゼンテーションソフトなどの使い方はもちろんのこと，実験方法や論文の細部まで，あえて大学レベルで求められるスキルを要求しました。研究が予定通りに進まず，半ば泣きつかれるような相談を受ける時もありました。文字通り日が暮れるまで実験室で寄り添って作業を手伝うこともありました。しかしながら，研究に一生懸命取り組む生徒の目は，言葉にならないくらい輝いていました。当時学生だった私自身，初心に返って研究に向かう姿勢や熱意を生徒たちから学び，成長することもできました。

　論文を書き上げ，発表を終えた生徒から「ありがとう」の一言をもらえた時，筆舌に尽くし難い喜びを感じました。崖っぷちから始まった研究も含め，最終的に授業研究会やSGH報告会で高評価をいただけた成果の数々が，今でも鮮明に思い出されます。しかしそれはひとえに生徒たちの努力によるものであり，彼らの財産となったに違いありません。

　アドバイザーとしてこのような機会をいただけたことに本当に感謝しています。この場をお借りして，神戸大学附属中等教育学校の関係者の皆さまに深くお礼申し上げます。加えて，研究活動に限らず，今後様々な分野で，ますます多くの学校で大学生・大学院生のアドバイザーが有効利用されれば，と切に願います。

資料5-2　研究計画書の例（記入欄のスペースを割愛している）

研究計画書

　　　5年　　　組　　　番　名前　　　　　　　担当教員

研究課題

研究について
①本研究の背景

②研究の意義，および特色

③研究期間で何をどこまで明らかにしようとしているのか／予想される結果

④目的を達成するための研究計画・方法

⑤研究を実施するために必要な施設・設備など，研究計画を遂行するための研究環境

写真5-3　神戸大学との連携による課題研究の様子

（大学院農学研究科 細胞機能構造学の研究室での実験（左），および大学院医学研究科 システム生理学分野（右）の研究室での実験）

資料 5-3　理系の講座で用いた「論文 Tips」の例

論文 Tips(1)
大事だけど，長くなってしまうキーワードの扱い方
　キーワードは，いくら長くても，くどくても，正式な表現が肝要。しかし，何度も文中に出てくると，読み手にとってはわずらわしい。そこで，以下のような例を参考に，略記しよう（頻出しないのであれば，用語は長いままでよい）。
　例1：グレートブリテン及び北アイルランド連合王国（以下イギリスと略記）における，教育格差の問題は…
　例2：人工多能性幹細胞（induced pluripotent stem cells, 以下 iPS 細胞と略記）研究の第一人者である…

論文 Tips(2)
論文でよく使う動詞
　（目的）述べる，論じる，扱う，議論する，報告する，紹介する，明らかにする，示す，主張する，提案する
　（引用）指摘する，言及する，触れる，引用する，紹介する，挙げる，参照する，述べている，論じている，扱っている，議論している，報告している，紹介している，明らかにしている，示している，主張している，提案している
　（調査）調べる，調査する，分析する，検討する，実験する，測定する，観察する，記録する，収集する，使用する
　（結果）分かる，明らかになる，見られる，現れる
　（考察）思われる，考えられる，見られる，言える
　（結論）述べた，論じた，扱った，議論した，報告した，紹介した，明らかにした，示した，主張した，提案した
　例：一次論文より
　　・家庭環境と学校環境との違いが何か実験に影響をおよぼすのではないか，と思った。
　　　↓
　　　家庭環境と学校環境との違いが実験に何らかの影響をおよぼすのではないかと考えられる。

論文 Tips(3)
論文では，話し言葉は×である。書き言葉で記述する。
　　（話し言葉的）←――――――――――――――→（書き言葉的）
　　超　＜　すごく　＜　とても　＜　たいへん　＜　非常に　＜　きわめて
　例：一次論文より
　　・2か月余りの観察の結果，だいたい予想通りだったものと予想できなかったものに分かれた。
　　　↓
　　　2か月余りの観察の結果，概ね予想通りだったものと予想できなかったものに分かれた。
　　・…を尺度として用いることにしました。というのは標準寒天培地が作りやすかったというのもありますが，…
　　　↓
　　　…を尺度として用いることにした。その理由は，標準寒天培地の作成が容易であったことに加えて…

・カイワレ大根の長さは表3-1を見たらわかるように全暗所の方が長い方がわかる。
　↓
　表3-1に示すように，カイワレ大根の長さは全暗所の方が長かった。

「かっこわるい」文章は，だらだらしている。
　残念な例：　それから…。そして…。それから…。そして…。
　良い例：　　まず…。次に…。最後に…。
　例：一次論文より
　　そこで，…。また，…。そこで，…。また，…。
　　↓
　　第1に…，第2に…，第3に…，第4に…，

できるだけ「私」は使わない。
・「私の〜」を「本（研究）」「本（論文）」「本（稿）」などに置きかえる。
・「私」を使わない言い回しに，文章を組み立てなおす。
　例：私の研究は，消費税の再増税について考えることがテーマだ。
　訂正例　：本研究では，消費税の再増税の是非について言及する。
　例：一次論文より
　（研究の背景において）
・私はそこで学校教室にも多くの菌がいるはずだと思いました。さらに使用済み雑巾には…
　↓
・以上を踏まえると，学校教室にも多くの菌が生息していると考えられる。さらに使用済み雑巾には…

論文 Tips(4)
論文の書き出し
　論文の書き出し（要旨であったり，本文の最初のほうであったり…）を，以下，抜き出した。整った書き方，このあと読みたいなと思わせる書き方，今からなにを論じるかをしっかり宣言した書き方など，参考にしよう。

◎アメリカにおける大学入試制度と化学に関する試験　人見久城（2011）
〈概略〉
　アメリカ合衆国の高等学校における標準的な修了要件，大学入試制度，多くの大学で入学出願の際に受験しておくことが求められる統一試験について概略を提示した。高校教員の教える力を標準化して，大学で求める入学資格を高校生が獲得するためには，アメリカ全体で実施される標準的な統一試験を利用することが必要になる。その例が，SATやAP試験，国際バカロレア資格試験などである。…
〈本文〉
　1　はじめに
　アメリカ合衆国（以下，アメリカと略記）について何かを述べるとき，「多様性」という用語が常につきまとう。教育においても同様で，50州の教育の状況は多様であると表現するのが妥当である。しかし，大学入試制度に目を向けると，入学資格の内容に若干の差はあるものの，各大学はおおむね同じ項目を提示している。本稿では，アメリカの大学入試制度に関する情報を整理し，ひとつの大学の入学資格の事例を提示する。さらに，統一試験における化学の出題傾向について一例を紹介する。

例：一次論文より
- 論文の本文では「はじめに」（この場合「終わりに」「結びにかえて」等も必要）「序論」「問題の所在」などを作りましょう。

◎植物が育つ最適な環境とは　―カイワレ大根―
〈要旨〉
　本研究は，最近研究が進んでいる植物工場のように人工的な環境を作り，カイワレ大根にとって，どの環境が適切なのかを調査した。…
〈本文〉
第1章　背景
　第1節　カイワレ大根とは
　　カイワレ大根とは，アブラナ科ダイコン属に分類され，原産地は地中海沿岸，中央アジア，中国などである。国内の年間出荷量は約3,529トンもある。…

論文 Tips(5)【重要】
引用
各自の論文で，引用をきちんと明記していますか？　明記しないと「剽窃」となります。
例：一次論文より
- 品種改良はほとんどの場合に10年近くかかるらしい。それに，1番最後の「新品種決定調査」までたどり着いたとしても，多くの場合，途中で欠点が見つかってしまい調査が打ち切りになってしまうらしい。
↓
- 品種改良はほとんどの場合に10年近くかかることが知られている（中垣，2016）。さらに，最後の「新品種決定調査」までたどり着いたとしても，多くの場合，途中で欠点が見つかってしまい，調査が打ち切りになる（中垣，2017）。

論文 Tips(6)
図表の入れ方
(1)表のタイトルは上に書きましょう。
例：一次論文より
　イベントの開催回によって，参加者の属性の割合は異なるが，第3回の大学生の占める割合は他の開催回に比べもっとも大きくなっている（表2-1）。

表2-1　参加者数と属性

	第1回	第2回	第3回
高校生	4名	4名	4名
大学生	5名	4名	9名
大学院生	3名	7名	1名
一般	4名	4名	0名
合計	16名	19名	14名

(2)図のタイトルは下に書きましょう。
例：一次論文より

　生徒の学習活動として見た場合の，コンテント（内容）重視からコンテキスト（文脈）重視への視座の移動があり，同時に教師の活動としての，教授側面から議論促進への意向移動が見られる。それを図式化したものが，図2-1である。

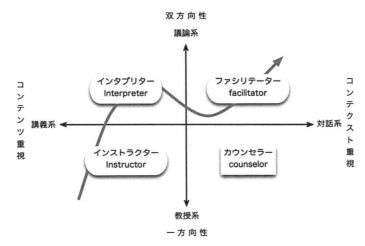

図2-1　ファシリテーターの役割（安田，2011を一部改変）

　表のタイトルは上部に表記する必要がある一方，図のタイトルは下部に表記されるべきである。この件に関しては，統一のない書籍も多く見られるが，本来は明確に区別されるべき表記ルールであることを，ここで強調しておきたい。
(3)図表の文献からの「コピペ」はできるだけ避けましょう。（上記図2-1を参照）
(4)図鑑から等，大量の引用は，表にする等の工夫があると見やすくなります。
(5)モノクロでも判別可能なデザインを考えましょう。
（「色覚バリアフリー」[(1)]の考え方を用いる。）

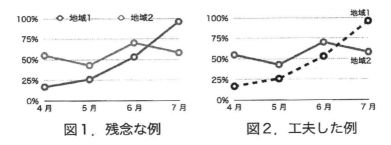

(1)「医学生物学者向き　色盲の人にもわかるバリアフリープレゼンテーション法」岡部正隆（東京慈恵会医科大学DNA医学研究所）、伊藤啓（東京大学分子細胞生物学研究所）
[http://www.nig.ac.jp/color/bio/]、2005年2月21日掲載、2017年2月1日閲覧。

第6章 課題研究の評価

1 パフォーマンス課題とルーブリック評価

　課題研究の目的は様々なものがありえます。しかし，どの学校でも共通することは，単純に知識を増やすことが目的ではなく，「知識の活用」を目指すことと考えられます。例えば，探究に関するスキルの習得や，批判的思考力やメタ認知といった汎用的な力（第1章参照）を身につけることなどを目指して探究活動に取り組む例が多くみられます。

　知識の活用を目指す上で有益なのが「パフォーマンス課題」です。パフォーマンス課題とは「複数の知識やスキルを統合して使いこなすことを求めるような複雑な課題」（西岡，2016）です。研究の過程では当然，多くの知識やスキルをフル活用して課題に取り組むため，論文や発表などの成果物がまさに課題研究のパフォーマンス課題となっています。

　パフォーマンス課題では，成果物から生徒の成長をどのように読み取るのかが問題になります。記述式試験の採点のように「〜〜〜という記述があれば，＋○点」といった基準だけでは判断できません。個別の記述ではなく，論理構造や説得力など全体的な傾向をつかむ必要があります。このときに有益なのが「ルーブリック」です。ルーブリックとは「成功の度合いを示す数レベル程度の尺度と，それぞれのレベルに対応するパフォーマンスの特徴を記した記述語からなる評価基準表」（西岡，2003）です。一つひとつの記述に着目するのではなく，パフォーマンスの特徴に着目して，評価基準を明確にしたものです。これを用いることで，論文や発表を評価し，知識の活用などの面での生徒の成長を見ることが可能になります。

2 課題研究の評価方法の作成

　本校では生徒の課題研究の評価を，卒業論文を用いて行うことを検討してきました。ルーブリックの作成の基本は，「評価の対象となる成果物を

たくさん集めること」から始まります（石井，2010など）。課題研究の評価方法の精緻化に向けて検討を始めた時点で，既に1回生（2009年度に入学し，2014年度に卒業）が論文を提出していたため，実際の生徒の論文を基に評価基準に落とし込む作業を行いました。

具体的には，「①表記」「②体裁」「③構成」「④内容」の4観点で論文を評価しました。「①表記」と「②体裁」は，予め設定した項目を確認するだけであるため，チェックリストを作成し，生徒の自己評価にも役立てることを想定しました。「③構成」と「④内容」は，点数化することは難しい観点であるため，ルーブリックを作成する必要がありました。

表6-1 卒業研究評価の初期構想

観点	評価規準	評価方法
①表記	日本語（英語）としての表記が適切であるか。	チェックリスト
②体裁	論文としての体裁が適切であるか。	チェックリスト
③構成	問題提起，研究手法，結論が首尾一貫しているか。	ルーブリック
④内容	説得力のある結論を導くことができているか。	ルーブリック

そこで，完成度の異なる20本程度の論文を抽出し，研究部教員を中心とする「評価検証部会」メンバーで評価ルーブリックを作成するための検討会を行いました（高浦，2004）。しかし，本校の「課題研究Ⅲ」で提出される卒業論文は18,000字以上であり，20本程度の作品を読むだけでもかなりの時間を要し，中身の議論も具体的に行うことは難しく，評価基準の議論は困難を極めました。実践の場では，必ずしも理論通りスムーズに進むわけではないことを実感した場面でもありました。2015年度は，①と②のチェックリストのみ完成（表6-2）し，翌2016年に③と④のルーブリックの原案がまとまり，ルーブリックによる評価を始めることとなりました。

ルーブリックの原案作成後に，評価が分かれそうな論文5点をサンプルとして選び，複数の教員でルーブリックを用いて予備評価を行いました。その結果，評価が割れた項目を中心に，文言や基準のすり合わせを行うことで基準を明確化したものが表6-3です。

表6-2 「①表記」と「②体裁」のチェックリスト

①表記
□段落の最初は全角スペース1文字あけられているか。
□適切に段落が分けられているか。
□誤字・脱字が1ページあたり1個未満程度であるか。
□すべてのページで明朝体にフォントが統一されているか。
　（タイトルや引用など，理由のあるフォント変更は不問）
□すべてのページでフォントサイズが統一されているか。
　（タイトルや引用など，理由のあるフォントサイズ変更は不問）
□句読点の表記が次のいずれかのルールで統一されているか。
　コンマピリオド（，．）　コンマ句点（，。）　読点句点（、。）
□文法的におかしい文がないか。
□主語と述語がねじれていないか。
□言葉の修飾関係はねじれていないか。
□論文にふさわしい書き言葉で書かれているか。

②体裁
□用紙サイズはＡ4か。
□目次には章レベルに加えて節レベルで掲載し，ページ数も載っているか。
□章や節の階層の分け方が論文全体で一貫しているか。
□ページ番号が記されているか。
□最初に（英文の）要約が掲載されているか。
□文章は「である調」に統一されているか。
□図表についての説明が本文中にあるか。
□図表に通し番号がついているか。
□図表にタイトルがついているか。
□引用や先行研究を参照した部分とオリジナルな部分が明確に分かれているか。
□引用・参照の仕方は統一されているか。
□引用文献リストの書き方は統一されているか。
□引用・利用したすべての文献は引用文献リストに載っているか。

※これらのチェックリストは以下の文献を参考にしました。
・松井剛「卒業論文の体裁に関するメモ」http://www.cm.hit-u.ac.jp/~matsui/stsm.pdf（2015年6月7日閲覧）
・@int 中高一貫校適性検査研究会2012.11.14「小学生作文評価ルーブリック」
　http://job.intweb.co.jp/sakubun/007.html（2015年6月29日閲覧）

表6-3 「③構成」と「④内容」のルーブリック（第2版）

1．問題提起，研究手法，結論が首尾一貫しているか。（③構成に対応）

(1) 問題提起
- A 卒業論文で解決する問いが明確であり，その問いがどのような社会的意義もしくは学問的意義につながっているかが明確に示されている。
- B 卒業論文で解決する問いが明確である。
- C 卒業論文で解決する問いが何なのか明確にはなっていない。

(2) 研究内容と題目の一致
- A 研究内容を必要十分に要約した題目となっている。
- B 研究内容を反映している題目であるが，実際の研究内容よりも広い（もしくは狭い）内容を指す題目となっている。
- C 研究内容をほとんど反映しない題目となっている。

(3) 問いと研究手法の整合性
- A 研究手法が問いに対応し，問いの解決に部分的にでも寄与する研究手法を用いている。
- B （なし）
- C 研究手法が問いに対応していない。

(4) 問いと結論の整合性
- A 結論が問いに対応し，問いに部分的にでも答えられている。
- B （なし）
- C 結論が問いに対応していない。

(5) 研究手法と結論の整合性
- A 研究手法で分かったことから結論を導いている。
- B （なし）
- C 研究手法で分かったことから関係のない結論を導いている。

2．説得力のある結論を導くことができているか。（④内容に対応）

(1) データ（Sは特別優秀な場合のみ）
- S 結論を導き出すのに十分なデータを集めており，それらのデータが（量や質などで）顕著に優れている。
- A 結論を導き出すのに必要十分なデータを集めている。
- B 結論を暫定的にでも導くことができるデータを集めている。
- C 結論を導くにいたるデータを集められていない。

（2）分析・考察（Sは特別優秀な場合のみ）
　　S　選択した研究手法に応じて，データ分析や考察が十分にできており，それらの分析や考察が顕著に優れている。
　　A　選択した研究手法に応じて，データ分析や考察が十分にできている。
　　B　選択した研究手法に応じて，データ分析や考察が部分的にできている。
　　C　選択した研究手法に応じて，データ分析や考察がなされていない。
（3）引用文献
　　A　引用文献や注の書式が統一されている。（著者名等の順序，五十音順，注の頁数の有無）
　　B　引用文献や注がつけられているが，部分的に軽微な不備がある。（参考にした情報源はわかる）
　　C　引用文献の引用・参照に方法に不備があり，他人の意見と本人の意見の区別がつきにくい形で書かれている。
（4）論文にオリジナリティはあるか
　　A　オリジナリティのある研究として認められる。
　　B　高校生なりのオリジナリティがある。
　　C　オリジナリティはない。

3 優秀者の選出

さらに，次のような手順で優秀者を選出しました。
1）ルーブリックを用いて指導教員が生徒の得点を算出した後[※1]，AA, A, B, C, D, E（Eは再提出）で総合評価し，優秀な論文をノミネートする。
2）ノミネートされた論文には指導教員の主査に加え2名の副査読者を定めて評価する。その際，副査読者の専門性を考慮する。
3）査読者の評価を基に審査委員会において優秀者を決定する。

　2018年度は，この手順によって，20本の優秀論文が選ばれ，7月の優秀者発表会において，8人が口頭発表を，12人がポスター発表を行いました。

※1　各観点の各段階で得点を設け，100点満点で算出しますが，この得点は優秀論文決定の評価材料とするためのものですので，本書では明記しません。なお，通知票や指導要録といった公的な学習記録の「総合的な学習の時間」における論文評価は文章で記述しています。

写真6-1　優秀論文の審査委員会の様子

4 ルーブリックの改善

　ルーブリックは，実践の中でより多くの作品（ここでは，論文）が集まるにつれて再検討し，絶えず改訂していくことが必要です（石井，2010）。本校では，ルーブリックの改善につなげるために，提出された論文を評価した教員に，評価の根拠を聞き取りもしています，その結果，留意点が見えてきました。その一部を例示します。
　1）個人間の評価差を生み出し得る要因（個人に起因する要因）
　　・慎重に読むほど論文の欠点が見つかり，減点するポイントが増える。
　　・論文のテーマと教員の専門分野の関係（専門に近い方が，評価は厳しくなりがち）。
　2）全体の評価基準に影響を与え得る要因
　　・高校生に対してどの程度のクオリティを要求するかの違い。
　　・論理的整合性が重視され，調査の質・量以上に論文の組み立て方で点数が左右される。
　3）個別の観点に影響を与え得る要因
　　・先行研究の引用をどの程度まで要求するか。
　　・研究のオリジナリティは，「問題」「方法」「結論」「研究対象」のい

ずれに対するものなのか。

　現在，本校では，このような留意点を踏まえ，多様な課題研究を目的や手法（写真6-2，6-3）によって評価基準を分けることを目指して新しいルーブリックの作成を進めています。

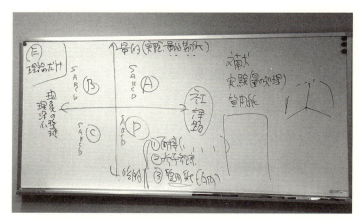

写真6-2　研究手法の分類の検討

写真6-3　これまでの論文（ポスターデータ）を基に
　　　　　研究手法の分類を検討している様子

第7章 発表会

1 発表会の概要

　研究は，問題を発見し，論理的に解決すれば終わりではありません。「その成果を他者に伝える」ことで初めて研究となります。本校でも，課題研究の進行とともに発表会を開催しています。表7-1は，後期課程（4～6年生）で，発表会がいつ，どのように行われるかを示したものです。

表7-1　各学年における課題研究発表会の時期と内容等

4年生（課題研究Ⅰ：卒業研究入門）		5年生～6年生（課題研究Ⅱ，Ⅲ：卒業研究）	
6月下旬	講座内テーマ発表会	9月上旬	夏休み成果発表
10月初旬	8,000字論文 講座内中間報告会	1月下旬	一次論文提出
12月中旬	8,000字論文 全体発表会	3月中旬	卒業研究 中間発表会（ポスター発表）
12月下旬	8,000字論文 論文提出	6月中旬	最終論文提出
1月中旬	8,000字論文 優秀者発表会	7月上旬	卒業研究 最終発表会（口頭発表）
		7月中旬	卒業研究 優秀者発表会

4年生「課題研究Ⅰ」（卒業研究入門）発表会

　第3章で述べたように，本校では「課題研究Ⅰ」（卒業研究入門）として4年生で講座別の課題学習を行っています。個人で課題を設定し，夏休みも利用して研究を進めていき，8,000字の論文作成に取り組み，9月には全体講義で大学教員によるプレゼンテーションの指導を行います。10月に講座内で中間報告会を行った後，大学教員，前期課程生徒と保護者も招き，全員が12月中旬に校内各教室で，プレゼンテーションソフトを用いて（スライド20枚程度），質疑応答も含め1人10分間1回の口頭発表を行います。2018年度を例に挙げると，発表は3コマ分に当たる授業時間を使いました。1コマ50分で5人を割り当て，1つの教室で最大15人の発表枠が設定されます。この年度の4年生は，140人でしたので，理科室など特別教室も使って，計10の教室で発表会を実施しました。

　この発表会は，「課題研究Ⅰ」の集大成となるため，発表会の進行は会場内の生徒で行います。生徒が円滑に進行できるように，機材のセッティン

グや準備物や進行の仕方をまとめた「運営マニュアル」を教員が作成し，生徒に配布しています（資料7-1）。論文提出は発表会終了後12月下旬（冬休み直前）で，学年教員を含む研究部教員が論文の審査にあたり，10名程度の優秀論文を選考します。優秀者発表会は，1月中旬に，神戸大学のホール（先端融合研究環統合研究拠点コンベンションホールなど）を利用して開催しています。この優秀者発表会も，司会進行などを生徒による運営で実施し，前期課程生徒と保護者を招き，大学教員（1名ないし2名，神戸大学の石川慎一郎教授と林 創准教授）による講評も行います。

5年生「課題研究Ⅱ」（卒業研究）発表会

　5年生では，1月に卒業論文（18,000字）の一次論文を提出しますが，3月中旬には本校体育館で全員が一次論文のポスター発表を行います（写真7-1）。論文の執筆と並行して，生徒全員に対して，1月頃に本校教員によるポスターのデザインや，話し方の留意点についての講義を行い，効果的なポスター発表を目指します（資料7-2）。各生徒のポスターは，神大附属で購入した大判プリンターを用いて，印刷しています。

　この発表会は，「課題研究Ⅱ」の集大成となるため，大学教員，保護者が参観するほか，次年度ポスター発表をする4年生と前期課程（1～3年生）の生徒（1時間ごとに学年交代で参加）も見学します。2017年度を例にと

写真7-1　ポスター発表会会場

ると，体育館を使い，5年生173人を4つのグループに分け，40分のコアタイムを4回設け，1回のコアタイム中に各生徒が自分のポスターの前で質疑応答も含め発表を行いました。この発表会の進行も，生徒が行います。生徒が円滑に進行できるように，あらかじめ「運営マニュアル」を教員が作成し，生徒に配布しています（資料7-3）。

6年生「課題研究Ⅲ」（卒業研究）最終発表会

　6年生では，5年生の「課題研究Ⅱ」で提出し，ポスター発表を行った一次論文を加筆・修正し，6月中旬に最終論文として提出します。全体に対し，構成や話し方などプレゼンテーションに関する共通講義（資料7-4）を再度行った後，全員が校内各教室で7月初旬に校内でプレゼンテーションソフトを用いた口頭発表を行います。

　2018年度を例に挙げると，発表は5コマ分に当たる授業時間を使いました。1コマ50分で3人を割り当て，1つの教室で最大15人の発表枠が設定されます。この年度の6年生は，172人でしたので，特別教室も含む計14の教室を使って，発表会を実施しました。各発表会場の司会進行は，その会場にいる生徒が交代で行います。この発表会も大学教員，保護者，前期課程生徒が見学します。

　発表会後，指導教員（主査）および副査（2名）による査読を行い，研究部および評価研修委員会の教員で優秀論文（口頭発表7件程度，ポスター発表10件程度）を選出します（第6章参照）。口頭発表を行う生徒は事前に大学教員（石川慎一郎教授）による指導を受け，発表内容及びスライドの修正を行います。

　優秀者発表会は，大学教員，保護者，次年度口頭発表を行う5年生の生徒の参観のもと，神戸大学の施設（出光佐三記念六甲台講堂）で4年生，5年生の発表会同様，生徒の司会進行で行います。ポスター発表者は口頭発表が始まる前に1人1分程度，アピールポイントを発表し，講堂外のスペースで休憩時間に発表を行います。口頭発表者は，1人10分でプレゼンテーションソフトを使って発表します。その後，発表者はフロアからの質問に答えます（写真7-2）。全ての発表終了後は大学教員（1名ないし2

写真7-2　6年生「課題研究Ⅲ」の優秀者発表会の様子

名，石川慎一郎教授と林 創准教授）による講評を行います。

2 発表会を終えて

　課題研究の集大成である6年生の発表会を終えた後の生徒の表情は，大きな課題を成し遂げた達成感で生き生きとしています（写真7-3）。残るは英語の授業で取り組む英文要旨の作成のみです。これからは受験勉強に集中して取り組んでいくことになります。

　発表を終えた生徒の成長が感じられる感想の一部（神大附属PTA『KUうばら第14号』p.7より抜粋）を紹介します。

> 　私は気象をテーマに研究を行ってきました。4年生の時からはじまったKPを振り返ってみると，テーマ決めからデータ解析，考察に至るまで本当に大変でした。しかし，それらの過程をのりこえ，集大成として六甲台で発表ができたので，自分にとって貴重な経験になったと思います。特に，林先生からの講評や聴衆者の質問から，研究の課題点が多々見つかり，勉強になりました。今後はKPの学習で得た学びを活かし，人生をさらに

実りあるものにしていきたいと思います。

　6 KP の活動を振り返ってみると，KP のテーマを新しくし，そこから先行研究を読み，文献調査を行い，インタビュー調査を実施し，多くの時間を使いました。論文を書き上げるまでは大変で，時には KP をするのが嫌になったりしましたが，KP を終えた今，自分のテーマに対する興味・関心がさらに大きくなったと感じています。また発表を通じて，自分が今まで行ってきたことを共有したことで大きな達成感を味わえました。

　私が最も苦労したのは研究として成り立たせるためのロジックを組むことです。調べ学習と研究の違いは何か，理論に一貫性を出すためにはどうすべきなのか，最後まで自分の研究と向き合って考えました。自分で組んだ仮説から，実際に検証してデータを分析し，考察することに楽しさを感じながらも本当に大変でした。ですが，この経験は，次何かに挑戦するとき一つの自信になると思います。これまで論文のご指導していただいた先生，またアドバイスをくださった生徒のみなさんありがとうございました。

写真 7-3　6 年生「課題研究Ⅲ」の発表会を終えて

資料7-1　4年生KP発表会運営マニュアル

〔全体の動き〕

前日放課後	<u>各発表教室セッティング</u>（担当教師） （器材） ・プロジェクター5台 〈4-1，4-5，5-5，家庭科教室，書道教室〉 ・スクリーン1台（書道教室） ・PC12台（各教室）〈要動作確認〉 ・ケーブル1本（家庭科教室）
発表当日 朝SHR	◆機材に触らない，動かさないこと！ <u>諸注意</u>・<u>評価シートを配布</u> SHR終了後すぐ各発表教室へ移動
発表Ⅰ ①8:55-9:05 ②9:05-9:15 ③9:15-9:25 ④9:25-9:35 ⑤9:35-9:45 ＜移動＞	<u>担当者準備物</u> タイマー・レーザーポインター・指し棒・評価シート・名簿 　生徒持ち物：筆記用具，タイムテーブル， 　USBメモリ，配布資料（必要な人） ◆時間厳守！（全員が意識すること） ◆速やかに自分の発表教室，または見学を希望する教室へ移動すること
発表Ⅱ ①9:55-10:05 ②10:05-10:15 ③10:15-10:25 ④10:25-10:35 ⑤10:35-10:45 ＜移動＞	〔発表者〕自分の発表時間を超えないよう注意する 〔司会・計時〕発表が終わった生徒が順番に担当する 　※発表→司会・計時が基本 〔司会〕マニュアルに沿って進行する 〔計時〕タイマーで時間を計り，残り時間「5分」「3分」「1分」のシートを表示する | 発表 | 司会・計時 | | 1 | 5 | | 2 | 1 | | 3 | 2 | | 4 | 3 | | 5 | 4 |
発表Ⅲ ①13:15-13:25 ②13:25-13:35 ③13:35-13:45 ④13:45-13:55 ⑤13:55-14:05	〔参観〕 ◆発表している生徒に対して<u>真摯な態度で聴く</u>こと ◆必ず1回は質問できるように，<u>疑問点や反論を考えながら</u>聴くこと 〔評価シート〕 ◆入室時に教室内にある<u>評価シートを4枚とる</u> ◆発表内容の本質に迫るような指摘，コメントを目指す 　ただし相手に対して無配慮な表現・ふざけた内容の記入は許されない ◆5人の発表が終了後，監督の先生に提出して退室する 　→全員提出後，その場で監督の先生が発表者へ渡します
発表終了後	◆教室の片付けを行う（～14:20）。 ◆5限終了後すぐ体育館（第1アリーナ）へ移動 　（全校集会の隊形）

〔司会マニュアル〕 ※発表教室に置いてあります。

「今から○○さんの発表をはじめます。発表タイトルは『○○○○』です。
　質疑を含め，発表時間は 10 分です。それではお願いします。」

＊残り時間（「4 分」／「2 分」）を表示。
＊残り時間が 2 分になった場合は，発表を止める。

「ありがとうございました。質問，意見のある人は挙手してください。
　感想やコメントなどでもかまいません。」
（複数いる場合，残り時間を確認しながら発言してもらう。）
＊残り時間を引き続き（「1 分」／「0 分」）表示する。

「これで，○○さんの発表を終わります。評価シートに記入してください。
　全ての発表が終わったら監督の先生に提出をお願いします。」
＊必ず時間内に全て終了するよう留意する。

〔評価シート〕

発表者：	タイトル：	
発表態度（話し方・声の大きさ・目線・身振りなど）		A ・ B ・ C
発表内容（問いと結論の対応，根拠，質疑応答）		A ・ B ・ C
スライド（表現の工夫，わかりやすいデザイン）		A ・ B ・ C
質問 コメント アドバイス		記入者名前：

資料7-2　ポスター指導資料

ポスターのデザイン術 ver.2

神戸大学附属中等教育学校　5年〇組〇〇番　山本拓弥（〇回生）

はじめに

理想のポスターセッション：発表者 ⇄ 聴衆（1 伝わる／2 関心／3 自身の学び）→ そのために

良いポスターとは？ 研究の論理をデザインの力を借り伝える

⓪ポスターの基本を決める　後から変更するのは大変！

フォントの選定
メイリオかゴシック体が基本
- 研究タイトル　60pt～100pt
- 項目タイトル　40pt～60pt
- 本文　　　　　30pt～40pt

色使いの選定
- テーマカラー → タイトル
- 背景色（白）
- ポスターの色使い
- 基本文字色（黒）　強調文字色

- 同じトーン：ポスターの色使い
- カジュアル：ポスターの色使い
- 同じ色彩：ポスターの色使い
- クラシック：ポスターの色使い

①ポスターレイアウト　この研究、結局何が言いたいの？

論文の論理構造＝ポスターレイアウト

- 目的／結果／方法／考察／結果／結論
  - ○レイアウトは容易
  - ✗研究の構造は不明瞭

複数の根拠
要約 → 目的 → 根拠1／根拠2／根拠3 → 結論

2つを比較
要約／物事A・物事B／観点1／観点2／観点3／結論

結論を強調
目的／方法／根拠1／メイン結論／根拠2／根拠3

②階層構造を視覚化する　どれとどれが並列関係！？

✗ 良いポスターとは？
- 自分に学びがある
- 内容を詳しく伝えられる
- 他人に学びがある
- 内容が伝わりやすい

→ 階層構造を視覚に訴える

✗文の関係が不明瞭

揃えて配置
良いポスターとは？
- 自分に学びがある　─ 内容を詳しく伝えられる
- 他人に学びがある　─ 内容が伝わりやすい

グループ化
良いポスターとは？
- 自分に学びがある／内容を詳しく伝えられる
- 他人に学びがある／内容が伝わりやすい

強弱をつける
良いポスターとは？
- 自分に学びがある
- 内容を詳しく伝えられる
- 他人に学びがある
- 内容が伝わりやすい

③より伝わるデザインに　いかにして文字を削減するか？

端的な表現
✗～～をとても正確に説明することができる
→ 修飾語の精選／説明可／体言止め

図表を活用する
✗Aの値は30、Bの値は50、Cの値は35だった。
A	30
B	50
C	35

イラストを活用する
✗AはBの一つ。BはCの一種。Cの中には他にDもある

参考文献
宮野公樹著『学生・研究者のための伝わる！学会ポスターのデザイン術　ポスター発表を成功に導くプレゼン手法』（化学同人）
高橋佑磨・片山なつ著『伝わるデザインの基本　よい資料を作るためのレイアウトのルール』（技術評論社）
大里浩二監修『すべての人に知っておいてほしい配色の基本原則』（エムディエヌコーポレーション）

（宮野（2009），高橋・片山（2016），大里（2013）を参考に本校教員　山本拓弥作成）

資料7-3　5年生KPポスター発表会進行マニュアル及び会場図

3月13日　中間発表会　司会・タイマー　マニュアル

第1コアタイム—9:00～40　第2コアタイム—9:50～10:30　第3コアタイム—10:40～11:20　第4コアタイム—11:30～12:10

- 開始時「これより、第五回神戸大学附属中等教育学校Kobe Project中間発表会を始めます」→第1コアタイム開始へ

- 画面に『40分』と設定する
  - ((第1～3コアタイムで欠席・遅刻者がいた場合、)「5年m組n番のaさんの発表は、事情によりありません」)
  - (第4コアタイムまでに遅刻者が来た場合、「5年b組c番dさんの発表が追加されます」)

- スタートする際に
  コールブザー ＋ スタートストップ　ブー
  「第Xコアタイム開始です」

- 35分経過（表示は5:00）
  緑のタイマーで「15:00」を設定し計測開始

- 40分経過　⇒発表終了／次の準備へ　ピー

次の準備は10分間（緑のタイマーが測っている）
「第Xコアタイム終了です。次はY時Z分開始です」

- 第4コアタイム終了後、「これより十分間の休憩をとり、神戸大学の林先生より御講評をいただきます。12時20分に第1アリーナへ再集合してください」

12:20「それでは、神戸大学大学院人間発達環境学研究科の林　創（はやし　はじむ）先生より御講評をいただきます。林先生よろしくお願いします」
12:30頃？「林先生、ありがとうございました。」
（「それでは、〇〇よりお礼の言葉を申し述べます」
「林先生にもう一度、大きな拍手をお願いします」）
「それでは、これで第五回神戸大学附属中等教育学校Kobe Project中間発表会を終わります。連絡のある先生方いらっしゃいますか」→（本校教員へ）

発表会場ポスター配置図

資料7-4　プレゼンテーション指導資料

5回生6KP(全体)　1ページ

6KP (5回生) 卒業研究2 (学年全体KP)
卒業研究発表に向けて (口頭発表編) 【担当：安田和宏】

§1．話を伝える・話が伝わる（2018年6月20日）

L 伝える		÷ 伝わる
主体：発表者	<	主体：聴衆
メッセージ重視		ニーズ重視
熱意・思い入れ		意義・正確性

§2．話し方のトレーニング（基礎編）（2018年6月20日）

◎今回の口頭発表の形式の確認

① 枠（望まれている内容）
　　報告(説明)・解説(啓蒙)・講義(授業)・学術発表・営業(起案)・その他

② 小道具（使用できるもの）
　　ポスター・スライド・印刷物等・資料無し・その他

③ 尺（時間的制約）

・発表　＝　　　　　　　分

　　（参考：スライドなら、表紙抜きで　　　枚以内が理想）

・質疑応答　＝　　　　　　分

・準備・片づけ込みで、与えられた時間　＝合計　　　　分間

・一文はできるだけ短くしよう「**45字以内**」。
・一項目、一セクション＝1分以内を目安に。
・話せる分量は、「**1分＝300～350字**」です。

◎口頭発表「原稿」を必ずつくろう。
発表者：「発表を始めます」
※「研究をはじめたきっかけ、動機」は不要。
【0．基本情報】　　[論文の題目・副題][発表者の所属と氏名]⇒スライド表紙。
【1．背景】　　　　[研究の目的][研究の背景][問題の所在]
【2．方略】　　　　[研究の方法][視座・立場]
【3．得られた知見】[(判明した)背景][データ][結果]
【4．問題設定(問題提起)】
【5．意見提示】
【6．考察・結論】　[結論(⇔根拠)]
【7．今後の課題】
（【8．参考文献・協力団体等】）
発表者：「以上です。ありがとうございました」

§3．参考：聴き手の評価を高めるには（2018年6月20日）

・『良い研究成果』があることが、良いプレゼンの大前提です。しかし、いかに聴き手に伝えるか（聴き手に伝わるか）が、研究者にとって近年、重要なスキル（技術）となっています。あるプロ・アナウンサーの考え方を紹介します。

評価を左右する3つの要素	話し手のスキル	聴き手への影響
①声・話し方	発信力	関心度
②話の内容	構成力	共感度・納得度
③表情・姿勢	外見力	好感度・信頼性

出典：川邊美奈『「声」と「言葉」で心に響く プロの話し方作法』p.27、明日香出版、2013年。

5回生6KP(全体)　2ページ

§4．口頭発表における「NGワード(センテンス)」（2018年6月20日）

1□「これから発表を始めたいと思います」
　⇒思わなくてよい。「発表を始めます」でよい。（これで16→7字に。）
2□「突然ですが、みなさん、○○と聞いて何をイメージしますかぁ……」
　⇒学術的な発表に、「客いじり」は不要です。
3□「この研究をはじめたきっかけは…」
　⇒基本的に「きっかけ」の語りは不要。
　　きっかけを言い出すから、主語が「私」になってしまうのです。
4□「私は～」　⇒主語は「本研究は～」「本論文は～」にするべし。
5□「まず最初に」　⇒「まず」もしくは「最初に」
6□「今の現状は」　⇒「現状は」もしくは「今の状況は」
7□「早口になりますが…」「少し字が小さくて見にくいですけど…」
　「～で、申し訳ないのですが…」
　⇒前もっての、言い分けじみた言い方はおかしい。
8□「何が言いたかったかというと…」「～というのは何かといいますとぉ」
　「そもそも…」「要するに…」
　⇒伝えるべきことが、事前にまとめられていない証拠です。
9□「この図を見てもらったら分かると思うんですけど～」
　「論文を見てもらったら分かると思うんですけど～」
　「～と思う人が多いと思うんですけどぉ～」
　⇒失礼です。
10□「えっとお」（文頭に）、「～ですが(が繰り返される)」「～とか」
　「～のほう」「えーっと」「あのぉー」「やっぱり～（やはり～）」
　⇒だらしなく聞こえます。
　⇒「～ですがぁ」は、「～といえます。しかし…」と2つの文章に分けよ。
11□「（スライドのある部分を指さしながら）こいつが～」
　⇒品位が問われる。
12□「～と思います」　⇒「～と考えられます」

§5．話し方トレーニング（実践編）（2018年6月20日）

⇒このあと自分のスライドを前に、口頭発表の練習をしましょう！

（1）尺（時間的制約）は厳守です。タイム・オーバーしたら、内容がよくてもその発表は「失敗」、と判断されても仕方がありません。
　　（必ず時間をはかりながら練習しよう）

（2）最終的には「原稿見ない」で発表できるようにしよう。
　　（「ぶっつけ本番」「アドリブ満載」は避けるべきです）

（3）ついつい口にした「NGワード」を、だれかに数えてもらおう。
　　（録音し、あとで聞き直してみてもよいでしょう）

（4）立ち位置は確かですか。聴衆にお尻を向けていませんか？
　　（写真や動画を撮ってもらい、確認するとよいでしょう）

（日本科学教育学会第32回年会の講演「テレビの科学番組制作から考える科学的リテラシー」（村松秀［NHKエデュケーショナル科学健康部（当時）］2008年8月23日）を参考に本校教員　安田和宏作成）

コラム：優秀者発表会での副校長の挨拶

　今日は，卒業研究優秀者発表会です。ゼロから出発した先輩たちの歩みのおかげで今日の発表会があります。

　さて，いささか古風かもしれませんが，卒業研究は「研究」ですから，いくら初歩的だとしても「真理の探究」ということを意味します。これを「成果」とか「業績」のように考えてしまうと，取り組んだことの本質がずれてきます。六甲台講堂には，神戸大学の前身，神戸高等商業学校の卒業生，中山正実画伯の絵「雄図」が描かれていますので，卒業研究を山登りに例えてみましょう。テーマの設定は，どの山頂をめざすのか，自分はどの山に登りたいのかということに似ています。また，研究方法は，どのルートを通るのか，どんな装備を必要とするのかに通じます。

　今日発表する優秀者は，さまざまな方法を駆使して比較的上手く山頂にたどり着いた人達かもしれません。けれども多くの場合，テーマ（山）が大きすぎで到達できなかった人もいれば，道に迷って上手くいかなかったケースもあると思います。しかし，たとえ失敗した面があっても，卒業研究への挑戦には大きな意味があり，一生の宝になったと思います。もちろん，小さなピークでも登頂できたとしたら，それは，1年半にわたって取り組んだことへの「成果」であり，それ自体は素晴らしいことです。しかし，登頂（一応の解答を提示）したと思っても，「真理の探究」には際限がありません。日本アルプスの剣岳に登るように，たどり着いたと思ったら，霧の中からさらに高いピーク（課題）が次々と現われ，心が折れそうになるのです。ただ大切なことは，「真理の探究」ということがいかに難路であるかということを自覚すると同時に，「真理」に対していかに謙虚になれるかということだと思います。

　「真理の探究」という点からみると他者からの「批判」はありがたいことです。近年，どこか「批判」を避けるような風潮がありますが，「批判」と「非難」は違います。「非難」は相手の過失を責めるといったもので，敬意はなくしばしば感情的です。「非難」をまじめに受け止める必要はありません。一方，翻訳の事情もあってやや厳しく響くのですが，「批判」は，あるべき方向に向かって問題点を論理的に指摘するもので，本来は相手に対する理解や敬意を含みます。ですから「真理の探究」に対し謙虚な姿勢を持っていれば，「批判」を受け止めて研究の深化（より高いピーク）につなぐことができます。また，先達の偉い先生がエネルギーを費やして，真剣に「批判」してくれたとすると，研究内容が

それだけ認められたということを意味します。

　最後に、5年生の皆さんは今日の発表を参考に、今考えている研究テーマ（ピーク）にアタックする際のヒントを獲得してほしいと思います。また、参加者の皆さんには、質疑では発表者に対する率直な「批判」をお願いしたいと思います。
〔副校長　勝山元照〕

写真7-4　中山正実画伯「雄図」がある神戸大学出光佐三記念六甲台講堂にて

卒業生の振り返り（3）：発表会の経験と発表の大切さ
3回生　田中稚紗さん（神戸大学農学部2年生（2018年度））

　私は、KPの卒業研究で自分の興味のある植物をテーマに、近年街の花屋で見かけるレインボーフラワーなどの花弁が着色された植物に着目し、植物の花弁を濃く染める方法を見つけ出す研究を行いました。学校での理科の実験は手順が決まっているため、その通りに進めていくだけでしたが、この研究は一から自分で手順を考えなければならず、実験を行った際には多くの失敗がありました。そのたびに原因を追究し、新たな実験のプロセスを考え、試行錯誤を繰り返したことで、問題点を見つけ、解決策を探る、というサイクルを繰り返すことがいかに大切であり、またそうした研究の積み重ねが質の高い、精巧な研

究となることを学ぶことができました。

　論文を読むということも初めてだったので，専門的な内容の部分を理解することも大変でしたが，先行研究を調べ，自分の考えとの比較をしていくことの重要性も学びました。さらに，優秀者による口頭発表では，論文を10分という短時間にまとめ，一番伝えたい部分だけを切り取らなければならないという点に工夫を要しましたが，その中で効果的なプレゼン方法について学ぶことができ，それを実践することができました。

　卒業研究を通して答えを発見する時の喜びを知りました。また，大学での研究がどういった形で社会貢献につながっていくかを学びたいと感じ，さらに実践したいと思いました。そして，植物への興味がさらに高まり，農学部に進学しました。大学での実験などにおける実験レポートの書き方は，卒業研究で行った基本的な知識を基に行うことができていますが，やはり高校のころとは別物で大学での研究のレベルの高さを痛感しています。

　卒業研究の成果が大学で一番現れていると感じたのは，英語の授業でのプレゼンテーションでした。与えられたテーマをもとに，三人組で発表したのですが，イントロダクションで聞き手への問いかけから始めるなどして，いかに聞き手の興味を引くか，結論をわかりやすく簡潔に伝えることに注意することなど，内容はもちろんですが，短時間でわかりやすく伝えることに重きをおいてプレゼンを作成することができました。

　周りの友だちはプレゼンをするということ自体に抵抗があるようでしたが，私がそれほど負担を感じなかったのは，高校時代の卒業研究があったからだと思います。また，その卒業研究の口頭発表の際に，生徒や先生，保護者の方や大学の先生の方など，大人数の前で発表した経験を持っていると，大学のクラス内での発表は緊張せずに行うことができました。

　今後は自分の専門分野での研究発表をする機会が増えていくかと思います。その分野の知識がない人たちに対しても，いかにわかりやすく伝えるのかについてもこれからもっと追究していきたいと感じています。

第8章 課題研究の成果と大学入試・大学での学びへのつながり

1 課題研究の成果

研究成果の発信

　本校では，「課題研究Ⅰ」（卒業研究入門）の時期から研究成果を校外でも積極的に発信していくことを奨励しています。他校のSGH校やSSH校が主催する「課題研究発表会」では，研究を通した高校生同士の交流が期待できます。近年は，高校生が発表できるセッション（高校生ポスターセッション，ジュニアセッション等）を設ける学会も国内・海外共に増えてきました。自分の研究領域の学会や研究会では，モデルとなる自分の研究について専門家からのアドバイスがもらえ，今後の研究を充実させることができます。海外における発表は英語でプレゼンテーションするスキルの向上にも大いに役立ちます。また，モデルとなる発表を見ることにより，ポスターやプレゼンテーションスライドのつくり方など自分の発表を改善するヒントをもらうことができます。

　このように，校外で発表することのメリットはたくさんあり，生徒たちにとっては，「新しい人たちとの出会いによって人的ネットワークが広がる」ことがいちばんの収穫と言えるでしょう。資料8－1にこれまでに本校生徒が参加した学会・研究会および受賞論文などを一部紹介します。

資料8－1　神大附属生による課題研究の研究会及び学会等（国内・海外）発表実績（一部抜粋）

第14回高校生科学技術チャレンジ（JSEC2016）
　「木片コンクリートの強度の測定による建築素材としての利用可能性の検証」（3回生）※優等賞（第10章卒業論文例③参照）

日本気象学会2017年度春季大会（2017年5月）（国立オリンピック記念青少年総合センター）
　「神戸市における冷気流と広域陸風が相互に及ぼす影響の解析」（4回生）

「局地風が都市の気温に及ぼす影響―六甲おろしを事例として―」（4回生）

平成29年度全国地学教育研究大会　日本地学教育学会第71回全国大会　兵庫大会（2017年9月）（神戸大学）

「学校におけるこれからの防災教育の在り方―双方的な防災教育は生徒の防災意識を高めることができるのか―」（4回生）

日本ジオパーク活動開始10周年記念　第8回日本ジオパーク全国大会2017男鹿・大潟大会（2017年10月）（男鹿市民文化会館ほか）

「ジオパーク教育の現状について―神戸市での野外実習に着目して―」（5回生）

「神戸・淡路地域を日本ジオパークに認定することは可能か」（5回生）

2017年日本地理学会秋季学術大会（2017年9月）（三重大学）

「小学生への減災教育にて・目的に対する影響―神戸に・適する減災教育とは―」（5回生）

「過去の震災を生かした減災教育」（5回生）

「人が生き残ることができる防災教育とは―災害時に働く心理バイアスに着目して」（5回生）

「山麓地域からの冷気にじみ出し現象の発生条件」（5回生）

「災害時における惨事ストレスの課題と対策」（5回生）

「ジオパーク教育の課題と原因」（5回生）

第3回全国SGH校生徒成果発表会（2017年11月）（筑波大学東京キャンパス）

「購買意欲を促進するコンビニとは―行動心理に基づく新たな工夫の提案―」（4回生）

2017年度スーパーグローバルハイスクール（SGH）全国高校生フォーラム（2017年11月）（パシフィコ横浜会議センター）

Effectiveness of Gathering Votes Using WEB Strategy and Analysis from a Marketing Viewpoint：Case Study regarding US Presidential Election（4回生）（英語による発表）

神戸市立葺合高等学校　SGH・SSH課題研究交流発表会（2017年12月）（神戸市立葺合高等学校）

「神戸における医療ツーリズムの意義」（5回生）（英語による発表）

「神戸大学附属中等教育学校生徒の異文化理解能力に関する考察―ケアンズ修学旅行の視点から―」（5回生）（英語による発表）

「制服の素材による汚れの落ち方の違い」（5回生）

「高校生の英語多読において，読む本を決定する要因」（6回生）

平成29年度大阪教育大学附属高等学校平野校舎SGH研究発表会（2017年12月）（大阪教育大学附属高等学校平野校舎）

　「アニサキスの駆除方法を探る」（6回生・共同発表）

第2回　IBLユースカンファレンス（2018年3月）（大阪府立男女共同参画・青少年センター）

　「地球温暖化説の検証および国際的取り組みの課題と提案」（5回生）

　「浴槽にお湯をはらない期間が追い炊き配管内の菌の増加量に及ぼす影響―より衛生的にお風呂に入るためには―」（5回生）**第10章卒業論文例④**

　「木酢液が藻に及ぼす影響とそれを利用した福田川の環境改善―福田川を泳ぐことのできる川にするためには―」（5回生）

　「乳酸菌は生きて腸に届くのか―腸内環境を良くするためには―」（5回生）

　「学校の手洗いに最適な石鹸とは」（5回生）

第40回日本創造学会研究大会　第1回国際創造とイノベーション会議（2018年9月）（大阪国際交流センター）

　「フィトンチッドは高校生の創造性向上に効果はあるのか」（6回生）※研究大会発表学生賞

2018年度スーパーグローバルハイスクール（SGH）全国高校生フォーラム（2018年12月）（東京国際フォーラム）

　What Is the Difference in Thinking Process between General Japanese Students and Returnee Students?（7回生）（英語による発表）※審査委員長賞

第62回全国学芸サイエンスコンクール自然科学研究部門

　「Birdnal　Spaceの検証」（6回生）※内閣総理大臣賞

課題研究を通した社会貢献

　課題研究のテーマを設定する際の研究の社会的意義の重要性については第1章でも述べていますが，自身の課題研究を通して自分が住んでいる地域の活性化（商店街の顧客，外国人観光客の誘致）や少子高齢化，子育て支援（待機児童，子ども食堂），環境問題（ヒートアイランド現象，地元の川の汚染，イノシシなどの害獣対策）等，本校では地域が抱える社会的課題を解決するための実践研究に取り組んだ生徒も多くいます（第4章資料

4-3参照)。

　Aさん(2回生)は,外国人観光客を地元(神戸市岡本)に呼び込み経済を発展させる取組として,岡本の観光名物である「梅」を素材にしたスイーツ商品の製作と販売を岡本商店街組合へ提案しました。彼女のアイデアは実際に商品化されることはなかったのですが,時期を同じくして彼女の提案と同じような地域活性化をお菓子で盛り上げる地元の大学生の企画が,地元洋菓子店とコラボした「神戸の街を盛り上げるスイーツプロジェクト」として立ち上がりました(「甲南Ch.」参照)。

　Bさん(5回生)は,彼女が子どもの頃から住んでいる地域の川の水質調査と現地観察を含めたフィールドワークを実施し,汚染の原因が藻の大量発生であることを明らかにしたうえで,実験を行った結果,その除去に木酢液の使用が効果的であることを提案しています。川をより綺麗にし,最終的には人々が泳いだり,川岸でくつろいだりすることのできるような,人々の憩いの場にすることが彼女の研究の最終目標です。

　いずれも,自分の生まれ育った地域をより良くしたいという思いが伝わってくる研究です。

　Cさん(4回生)は,社会や家庭科,英語の授業でも扱われた「食」に関する持続可能な生産と消費の問題,特に「食料廃棄(フードロス)」の問題に目を向けました。日本の食料自給率はわずか40％,食料の多くは海外からの輸入に依存しています。一方で,毎年廃棄される食品は500～700万トンとも言われ,世界の食料支援の2倍にあたる食品が手つかずのままで捨てられています。そして日本では6人に1人が貧困家庭で暮らし,十分な食事がとれていない現状があります。この問題を解決するための手段として家庭で消費しきれなかった食品をフードバンク等の団体を通して貧困家庭など食品を必要とする人に届けてもらう「フードドライブ活動」があるのですが,彼女は校内でフードドライブ活動を実施して生徒の意識調査を行い,今後の展望について考察しました。彼女の思いは後輩へ引き継がれ,以降,毎年50名を超える有志生徒が集まり,「ESD Foodプロジェクト」チームとして世界の食料問題について学習し,毎年文化祭や放課後を利用した「フードドライブ活動」を行っています(写真8-1)。

写真8−1　有志生徒によるフードドライブ活動の様子

　Dさん（5回生）は，「フェアトレード製品の神戸市への普及」を研究テーマに設定しました。フェアトレードとは「公正な貿易」という意味であり，発展途上国の作物や商品を適正な価格で継続的に買うことにより，立場の弱い発展途上国の人々の生活改善と自立を目指す貿易の仕組みのことですが，神戸市ではフェアトレードのファッションアイテムや雑貨を扱うお店は極めて少ない現状です。そこで，彼女は，フェアトレードを広める活動が活発に行われている東京都国立市・国分寺市，愛知県名古屋市，SGHの海外研修（写真8−2）で訪れたイギリスのロンドン，ケンブリッジの学生団体や慈善団体で調査を行いました。その結果，神戸市でフェアトレードを広めるために必要な要素を考察し，「神戸市という地域の特徴に合わせた取組を行い，学生によるフェアトレード活動も行うことでフェアトレード製品を普及させることができる」という結論に至りました。その実践として，本校の文化祭で「フェアトレード」をテーマに学年ブースとして出展し，その活動を通して全校生徒や保護者，地域の方々の意識の啓発に努めました。

写真8-2　イギリス交流校でのフェアトレードの研究発表

　また，本校では，4，5年生を中心とした有志生徒によるDR3（震災（Disaster）・復興（Reconstruction）・減災（Reduction）・レジリエンス（Resilience））プロジェクトを立ち上げ，被災地訪問や東北の学校との交流を通して大規模震災に対するリスクマネジメントについて学んでいます。本校の課題研究の領域の1つに「A：震災・復興とリスクマネジメント」を設定しています（第3章参照）が，DR3のメンバーのほとんどはこの領域の講座に所属し，一人ひとりが多角的な視点から災害復興や減災・防災について意見を交換しながら研究を進めています。同時に講座のメンバーはチームとして，復興庁を訪問して災害対策についての提言を行ったり（写真8-3），東北の被災地での研修を通して地元の人々と交流を深めたり，仙台の高校生と行動指針となる共同宣言を策定したりするなどの活動を行っています。また同プロジェクトチームのメンバーたちは本校の防災避難訓練の企画・運営に携わっているほか，地域の小学生にゲームカードを用いた防災教育を行ったり，兵庫県の理科教員を対象とした防災教育研修の講師を務めたりするなど，地域の防災教育活動に貢献しています。2016年度より毎年津波被害が想定される地域（高知県黒潮町，沖縄県，和歌山県）で開催されている「『世界津波の日』高校生サミット」では，世界各国の高校生に対して被災地神戸の高校生として自然災害対策の提言を行

写真8-3　復興庁訪問

い，自分たちの学びを還元しています。

　貧困や食料，環境汚染，自然災害といった地球の安全保障に関する課題は，高校生にとって非常に大きく重いものであり，直接的な解決策を提案することは困難です。また，「地域実践」「社会貢献」というと，すぐに「ボランティア活動」といった方向に注意が向けられがちですが，人から聞いたり，自分で調べたりして学んだことを踏まえてしっかりと自分の意見を持ち，年齢や立場や文化の異なる人たちと共に解決策を模索していくことが大切です。これらの研究を行った生徒たちは，世界で起こっている大きな課題を決して遠い国で起こっている出来事とは思わず，自分が暮らす地元の課題として，つまり「自分事」として引き寄せ，解決に向けた意見を発信していくことで社会に貢献しているのです。

2 大学入試・大学での学びへのつながり

探究と進路

　これまで紹介してきたように，課題研究は数年にわたって取り組む大きなエネルギーが必要となる学習です。このような探究的な学習は，大学へとどのようにつながるのでしょうか。

既に公表されているように，平成26（2014）年より進められている高大接続改革（以下，2020年度改革）では，2021年度の入試から大学入試センター試験に変わる大学入学共通テストの実施や英語の4技能評価のための民間の資格・検定試験の活用，推薦入試，AO入試など様々な改革が実施される予定です。

　2020年度改革では，生徒が高校生活で取り組んできた活動の評価を充実させるために，調査書，推薦書，志願者本人の記載する資料等について，一般入試も含めてより積極的に活用することが求められています。「志願者本人の記載する資料等」の一般入試での導入・活用はすでに国公立大学で進められており，その内容は，大学・学部の志望理由のほか，大学入学後取り組みたいこと，大学卒業後のビジョンなどで，面接の参考資料とする大学もあります。これらの提出書類の見直しは，新学習指導要領でも強調されている「学力の3要素」（「知識・技能」「思考力・判断力・表現力等」「主体的に学習に取り組む態度」）を多面的・総合的に評価することを目的とし，特に「主体性をもって多様な人々と協働した学ぶ態度」を評価するため，高校生一人ひとりが積み上げてきた大学入学前の教育活動（学習や多様な活動等）を評価することに重点が置かれています（西郡，2018）。

　新様式では，活動実績を記載する欄が増え，委員会活動，スポーツ活動，文化・芸術活動，ボランティア活動，そして探究活動（活動成果，実験，フィールドワーク，学校外における発表機会，論文作成など）といった項目別に記載されるようになります。また，従来の調査書では表裏1枚と決められていましたが，課外活動について弾力的に詳しく記載できるようになりました（文部科学省，2016，図8-2）。

　東京大学，京都大学，大阪大学，神戸大学といったいわゆる難関国立大学も推薦・AO入試による入学者を増やしています。東京大学が2016年度入試から初めて推薦入試を導入し，京都大学も同じ年に推薦入試とAO入試から成る「特色入試」を始めました。大阪大学も2017年度から推薦・AO入試を学部ごとに実施する「世界適塾入試」を始め，神戸大学においても2018年度より「『志』特別入試」というAO入試が行われています。

　これらの入試では，「総合的な学習の時間や自主的な研究活動」等に関す

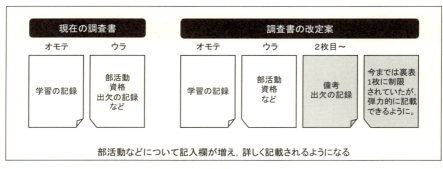

図 8-2 2020年からの調査書の様式の変更について
（Benesse　高校生3分ニュースを元に作成）

る活動報告書を出願書類として求めると共に（文部科学省，2016），面接，小論文のほか，口頭試問，研究発表，授業を受けてレポートを書くといった大学独自で定めた様々な方法で入学生を選抜します。図書館で資料調査をしてレポートをまとめた上でグループ討論を実施したり（お茶の水女子大学「新フンボルト入試」（文系）），実験やデータ分析などを課す（同入試（理系））大学もあります。このような動きは，確かな学力と多様な資質を持った学生を入学させたいという考えからであると思われます。

　京都大学教育学部の2016年度入学者特色入試では，統計資料などが収録された資料集の資料の要約や複数の資料を踏まえて自分の考えを提案する論述課題が英文の下線部和訳と要約に加えて出されました。この課題は，大学における研究を反映させたものですが，同時に，高等学校での探究的な学習で育つような論理的・批判的思考力や問題解決力，コミュニケーション力等を試すものとして機能したということが，合格者への聞き取り調査で「学校でレポートや論文，プレゼンテーションなどの活動に取り組んだことが『良かったのかな』という発言があった」ということからも明らかとなっています（西岡，2017）。

　また，アメリカなど海外の大学の入学審査では，将来伸びる可能性のある学生が高く評価されます。将来性を見極めるために，学力評価に加え，人物評価も重視されます。その人物評価の一環として，授業以外での取組，つまり課外活動が評価の対象となります。

神大附属においても，2016年度入試から課題研究の取組を活用して，国公立・私立共に難関大学（東京大学，京都大学，大阪大学，神戸大学，筑波大学，慶應義塾大学，早稲田大学，同志社大学，関西学院大学など）への合格者も増えてきていますし，アメリカの名門大学（プリンストン大学など）にも合格する生徒も出てきました。ここで強調しておきたいのは，「課題研究は大学に合格するための直接的な手段ではない」ということです。合格した生徒たちは高校時代の探究活動（本校では卒業研究）を通して将来に対する明確な目標を持つことができ，その目標が達成できると考える大学を選択し，そして入学できたということなのです。現在（2018年度），本校で卒業研究に取り組んだ1回生はすでに大学4年生となり，大学院で研究活動に入る人もいますが，高校時代の卒業研究を通して培ったリサーチスキルや論理的・批判的思考力，コミュニケーション能力，そして自ら学ぶ力が，今後の研究に大いに役立つであろうと語ってくれています。

卒業生の振り返り（4）：卒業研究と大学での学び
3回生　森田恵美里さん（米国プリンストン大学2年生（2018年度））
（第10章卒業論文例①参照）

　私が若者の投票率に興味を持ったきっかけは，小学6年生でアメリカから帰国し，周りの小学生の選挙や政治に対する興味・関心の薄さに驚いたことでした。昼食をとりながらでも政治の話をするアメリカの小学生とは違い，日常生活の中でそういった会話が飛び交うことはほとんどありませんでした。少子高齢化で有権者人口中の若者の割合自体が低くなっている中，若者の政治に対する関心，そして選挙における投票率がさらに低下すれば，若者の声がますます政治に反映されなくなる，という日本の現状に危機感を覚え，この問題をいかに教育で解決するかに注目しました。
　私が卒業研究において最も苦労した部分は，限られた時間とリソースの中で，焦点を絞ってリサーチクエスチョンを立て，政治学における実験に落とし込むという過程でした。ちょうど選挙権年齢が18歳に引き下げられる夏を待ち構えていたため，様々な教育関係者や研究者がこの問題に取り組んでいるであろうと思いながらも，実際にどういった問題点がどのような形で研究されているの

かが，初めて研究論文を書くにあたって文献調査に取りかかろうとしていた高校生の自分にとって大変不明確でした。そこで，その実態を知るために有権者行動の研究をされている神戸大学法学部の品田裕教授に連絡を取ってみることにしました。この時点では「模擬選挙を行って投票行動の実験を実施したい」という漠然としたアイデアしか頭にありませんでしたが，近年，政治学の分野において実験型の研究が増えてきているということも教えていただき，その研究に携わっている当時同じ神戸大学法学研究科にいらっしゃった多湖淳教授（現早稲田大学政治経済学術院教授）にさらにつないでいただきました。多湖教授からはクアルトリクスを使った実験方法や，サーベイ実験における的確な質問の問い方などを学ぶことができました。実験のデザインにおいては，実際に模擬授業を実施して教育方式を比較することは時間上，非現実的だったため，インタラクティブな教材と受動的な教材を比較する目的で2つの情報刺激を使う方法に絞り込みました。また，投票者行動に影響する異なった要素として，「個人に対するインセンティブが大きな影響を与える」という先行研究を読み，多湖先生とブレインストーミングをする中で，「どうせだからやってみたらおもしろいのでは」というアドバイスを受け，実験に個人的な利益の有無という要素を加えることにしました。

　私自身，高校では理系に所属しながらも文系の研究テーマに興味があったため，周りに似た研究テーマを持った友だちがおらず，研究開始当初は大変戸惑いましたが，学校の外へ一歩踏み出し，政治学における実験の世界を知ることができたのが大きな学びへとつながりました。全校生徒を巻き込んだ実験の実施にあたっては，たくさんの生徒と教員の方に協力していただき，研究は一人の力のみではできない，ということも学びました。

　プリンストン大学で学部生として学んでいる今，高校時代に参加したグローバル・アクション・プログラム（SGH海外・国内研修プログラム：以下，GAP）の体験が大学での日々の学習につながっていることを強く感じています。興味のある学問分野が文理に渡って広く，また将来のビジョンが漠然としていた私にとって，GAP活動を通して実際に社会で活躍している大人に会い，話を聞くことのできた経験が大変役に立ちました。アメリカの大学は，科目を自由に選択でき，専攻を2年次の終わりに決めることができますが，入学するためには高校在学中に実績を残す必要があります。そのためには，自己分析力と将来に対する強いビジョン，探究心，そして行動力が必要不可欠とされています。GAP活動はそれらの要素の形成に大きな影響があったと実感しています。

EUの難民問題をテーマに実施された研修を通してドイツ大使館や外務省の方のお話を聞くことのできた経験や，世界保健機構の高校生サミットの実行委員長としてWHOの方々と携わり，神戸市で行われているプロジェクトについて学ぶことができた経験は，「国際的な仕事をしたい」という漠然とした夢をより明確化することに役立ちました。山陰海岸ジオパークとの連携研究を通して地元の自然地産の教育的活用について考えたことや，神戸大学のリレー講座を通して政治経済，貿易，エネルギー資源など，多岐にわたるテーマの専門家の話を直接聞くことができた経験は，様々な角度から社会問題の解決に取り組む方法があることに気づき，その中で自分自身がどういった立場から働きかけたいかを考えるきっかけとなりました。

　当時は「少しでも興味があれば参加してみる」というマインドセットで次から次へといろんなGAP活動に参加していましたが，今振り返ってみれば，すべての活動が次の自分の選択へとつながっていたようにも思えます。特に卒業研究を通して，統計学やデータサイエンスを社会科学へ応用する研究に興味を持つようになり，現在大学では経済学とコンピュータサイエンスを中心に学んでいます。また，様々なグローバルセミナーや留学経験を経て，アジア太平洋地域の経済交流に興味を持つようになり，夏休みには大学を通した北京への短期言語留学に参加したり，中国政治の授業などを受講したりしています。

　プリンストン大学に合格できたのも，GAP活動を通して身につけた探究心と，その探究心を原動力とした行動力が評価されたからだと感じています。小さな驚きや引っ掛かりを種に，ただ興味を持つだけにとどまらず，それをさらに深め，問題解決に至るための明確なステップを自ら考え出す力こそが，GAP活動を含め本校での探究を通して身についた力だと思っています。このような多彩な学習機会を提供してくれた母校には大変感謝しています。

卒業生の振り返り（5）：卒業研究の経験の重要性
1回生　道盛裕太さん（京都大学工学部4年生（2018年度））

　KPは私の入学年度に始まりました。当時の私は一連の関連コースワークを時に悩み，時に苦しみ，しかしながら概ねは大いに楽しみながら学んだものと記憶しています。今回は，今年度で大学生活4年間を締めくくろうとする私が，KPと大学生活の関わりを振り返ってみたいと思います。

KPを一言で表すならば，それは「大学生や社会人の学びのスタイルを先取りするプロジェクト」ではないでしょうか。従来の高校までの学びは，教科書という明確な課題及び正解が与えられるものでした。一方，大学や社会では「これを学ばなくてはいけない」というお題がほとんど与えられません。課題は自分で見つけ，調べ，考え，まとめ，発表しなければなりません。これらをこなすための能力は，KPが掲げる目標である5つの力（「見つける力」「調べる力」「まとめる力」「発表する力」＋「考える力」）と一致します。KPとは，中高生に今すぐ役立つ学びというよりもむしろ，そのずっと先を見据えたプロジェクトなのです。

　私は大学で他校から進学してきた仲間と出会い，初めてKPの経験の重要性を認識できました。中学，高校時代から，大学受験に焦点を当てた学びを積み重ねてきた彼らは与えられた問題を解いて答えにたどり着く能力に長けています。しかし，具体的な問題を与えられない場合や，方法論がわからない場合，あるいは一意な答えが存在しないような場合には，手も足も出せないで諦めてしまう人が多く見受けられました。そんな時，自分でテーマを見つけ，研究手法を検討することから始め，自分なりの結論までまとめ上げたKPの経験が，突破口を切り拓くきっかけになりました。

　これらの経験は，例えば学生実習や卒業研究の際に，強いアドバンテージとなります。理系の学生であれば，学生実習等と呼ばれる実験主体の講義がカリキュラムに組み込まれていることが多いと思います。そこで扱われるテーマは，大抵の場合は学部生の知識を少しだけオーバーするようにデザインされています。そのため，ほとんどの学生は思考を停止させ，教科書や先生の指示に従い機械的に手を動かすだけで実験を進めてしまいます。しかしながら指示にはそれぞれ意味があるはずで，中には無視したり，変更したりした方が良いものもあえて織り交ぜられていることがあります。実習全体の目的を認識して，目の前の作業の意味を把握すると，自分なりの工夫でより早く正確な操作を行えるようになります。また卒業研究の際には，自分で研究対象や実験内容を決めなければなりません。しかも，先輩も先生も，世界中のどんな優秀な研究者も知らない，全く新しい答えを探さなければなりません。大学での学びはこのように「研究」の形をとるものが多いですから，KPを通じて課題を見つけ，調べ，考える力という研究の根幹を身につけたことは大変役に立っています。

　また，まとめ，発表する力も強みになります。大学では前述の通り，みんなで1つの答えを目指すというより，各々違う答えを追い求める場合が多くなり

ます。従って，自分の出した結果や意見は自分が責任をもって表現しなければなりません。先述の研究の根幹と対比するならば，これらの力はさしずめ研究の花実と言えるでしょう。KP 卒業論文の執筆や発表という一連のプロセスを経ることにより，大学での研究の締めくくり方について具体的なビジョンが描けるようになるのではないでしょうか。

　KP での経験は，大学での学びを一層充実させる強いアイデンティティとなります。これから取り組む後輩の方々には，是非とも楽しみながら積極的に研究活動に向き合ってほしいと思います。

卒業生の振り返り（6）：卒業研究とアイデンティティ
4 回生　大槻ちひろさん（愛媛大学農学部1年生（2018年度））
（第10章ポスター例④参照）

　私は，学校机の雑巾清掃による菌の増加をテーマに卒業研究を行いました。高校生活において，この研究は非常に思い出深いものになりました。

　培養に失敗して恒温器から強烈な汚臭が発生し，授業をしている隣の教室に漏れ，同級生から大量に苦情が入ったことや，実験で使用した培地等を廊下に放置していたら，高温のためか培地もシャーレも全て溶けてしまっていて，先生にそれらを処理してもらったことなどがありました。このような研究での失敗談は数々あります。普段の授業ではできないような失敗ができたことは，迷惑をかけたけれども楽しかったいい思い出です。

　大学に入学した今，受験勉強の時間を割いてまで卒業研究に労力を費やしたことは全く後悔していません。卒業研究は，私にとって自分の興味のある事は何なのかがわかるきっかけとなり，今の私の重要なアイデンティティとなりました。

　研究を始める前の私は特定の好きな学問分野がなく，進路を決定するのに困っていましたが，何気ない小さな疑問から始めた卒業研究を通して微生物と環境汚染に興味があることがわかり，それに合わせて大学選びもできました。教育学部と迷っていたのですが，今の農学部生物環境学科に進んで本当によかったと思っています。

　また，最も卒業研究をしてよかったと思えることは，科学的な思考力が養われたことです。実験において一連の「仮説→実験→結果→考察」を通して，仮説を立証するためには次はどのような実験を行うべきか，どのように条件を変えれば

いいのかと思考し，先生に相談したり，友達にアドバイスをもらいながら，次のより精度の高い実験方法を求めて組み立てていく，という過程を何度も何度も重ねたことで，自然と研究活動のための重要なスキルが身についたと思います。

高校での個人研究は，「大変そう」とか「面倒くさそう」という印象が初めはあるかもしれませんが，高校での研究の魅力は自由な発想で研究を進めることができるということです。また先生もその自分の自由な発想に付き合って，全力で協力してくれます。大学に入っての研究は好きな分野の研究室に行っても，そこの研究室での都合や先輩の研究との兼ね合い，引継ぎなどで意外と自分の好き勝手には研究できません。高校の間は是非「楽しんで」研究をしてくれるとうれしいです。

卒業生の振り返り（7）：課題研究で培われた意識
4回生　廣川正太郎さん（大阪大学工学部1年生（2018年度））
（第10章ポスター例①参照）

　私は，本校在籍時代，「経済地理学的視点からみた持続可能な鉄道のあり方―第三セクター鉄道の出資比率別考察―」というテーマで研究を行いました。研究を行う上で最も大変だったのは，時間的，精神的な面も含めた学業との両立です。

　私はテーマを5年生の6月ごろに決定しました。夏休み期間中には，書籍・インターネットを用いたり，実際に鉄道会社にアンケートを送付したりしてデータを集め，夏休み明けには調査の7割ほどが終わりました。また5年生の秋ころから他の勉強にもっと時間を費やしたいと思うようになり，深夜の時間帯をKPを進める時間に充てることで自身の勉強時間を確保しようとしました。そして年度が変わり，6年生（受験生）になり勉学に本腰を入れないといけない時期になると，私の中でも「もっと受験に役に立つことがしたい。このKPが何の役に立つのか」という焦りと不安が生じてきました。先生方は「KPは大学に入れば必ず役に立つ」などのお言葉をかけてくださいましたが，その当時の私（たち）は「そもそも大学に入らなければ意味がないじゃないか，今，役に立つ勉強がしたい」と思っていました。また，研究がまとまってきた段階で，学会発表や学校での中間発表会で質疑応答を受ければ受けるほど，自分の行っている研究が本当に正しいのか疑わしくなりました。

一連の課題研究で，ほかの人の研究発表を聞く際に批判的思考（クリティカルシンキング）を働かせる習慣をつけることはできました。しかし，それを自分の行ってきた研究に向けると，自分の研究手法がまずいのではないか，そもそもテーマそのものに問題があるのではないかなどと疑心暗鬼になりました。このように，高校生の研究としてどこまでのものが要求されているのか，どの点で妥協すべきなのか（あるいはすべきでないのか）がわからない中で研究を進めていくのは非常に不安で，それを悩みながら深夜遅くまでパソコンを打ち，修正を加えていく作業は非常につらかったです。勉強を進めなくてはならないという焦りの気持ちと，より良い研究をしなくてはならないという気持ちの葛藤が，睡眠不足による生活習慣の悪化の中で起こりました。わかっていながらも自分で自分を悪循環に追い込んでいました。これは精神的に非常に苦しいことでした。

　以上の経験から，私は研究に没頭できる期間と勉強に本腰を入れる期間を完全に分けるべきであると思っています。また，研究をしながらも自分の研究が好きでいられるようなテーマを設定するべきであるし，精神的に健康な状態で研究を進めるためにはこれが一番良いと考えます。

　大学生になった今，改めて高校生の時に行った課題研究の活動を振り返ってみると，まったく先の見通せない中を，ひたすら前に進もうとして苦労していたのだと思います。しかし，それらの活動は決して無意味ではなかったと思っています。私は現在，大学で「鳥人間」のサークルに入り飛行機の制作にかかわっていますが，安定した飛行のためには課題が山積しています。その中から課題を1つ取り出し，それを解決するためにはどういった実験をし，性能を確かめるのがよいかも自分たちで考えなくてはなりません。例えば，材料加工や部品の試作の際には様々な条件下での実験結果を比較することで，どの点に問題があるのかを発見し，一番良い改善方法を考案しています。このプロセスは精密さが要求される人力飛行機の制作過程の中で重要なことであり，課題研究で培われた，問題の所在を分析して粘り強く明らかにしようとする意識が役に立っています。

　今後，学年が上がり自身の研究も専門的な領域へ進展したとき，本校の課題研究で獲得したこのような意識を持っていることは大きな実を結ぶことにつながると思っています。

第9章 課題研究の効果の検証

 ここまでの章で、課題研究の実践内容を紹介してきましたが、課題研究の意義をとらえるには、その効果の検証が重要です。本章では、生徒のアンケート結果と、課題研究を通じて育まれるべき批判的思考力についての調査結果を紹介します。

1 生徒アンケートの結果より

 4回生160名を対象に、最終論文の発表会を終え、卒業研究がほぼ終了した6年生の7月（2017年度）にアンケートを行いました。各質問項目につき、「4：大変そう思う、3：そう思う、2：あまり思わない、1：思わない」の4段階で評価してもらった結果（有効回答数159）は以下のとおりです。

自分自身の取組について

 まず、卒業研究に対する「自分自身の取組について」尋ねた12項目の結果を見てみましょう。図9-1に示すとおり、多くの項目で平均は3点をやや超えていることから、「そう思う」と判断していることがわかります。具体的には、多くの生徒が「意欲的に取り組めた」「知的好奇心が刺激された」「知識が深まり、あるいは能力が高まった」と感じています。また、「研究とは何かを知ることができた」「研究の方法について習得できた」と感じた生徒も多かったことがわかります。さらに、「今後の人生に役立つと思う」と感じた生徒も多く、総合的に判断して、生徒たちにとって「卒業研究は意義のあるものであった」と考えられます。

身についたと思う能力について

 次に、生徒が5年生から6年生で1年半かけて自らの課題を設定し、論文執筆に向けて本格的な研究を行った結果、自分にどのような力が身についたと感じているかを見てみましょう。

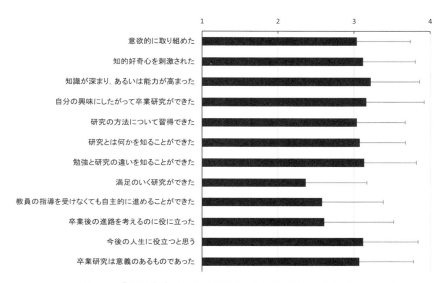

図 9-1 「自分自身の取組について」の平均値と SD（N =159）
範囲（1：思わない〜4：大変そう思う）

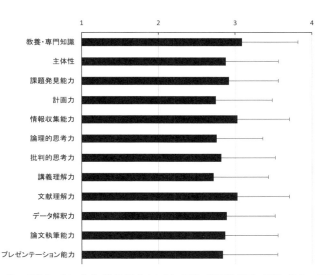

図 9-2 「身についたと思う能力について」の平均値と SD（N =159）
範囲（1：思わない〜4：大変そう思う）

図9-2に示すとおり，多くの項目で平均は3点前後であることから，「そう思う」と判断していることがわかります。具体的には，「教養や専門的な知識の獲得」だけでなく，「ものごとに主体的に取り組む力」や「目標を達成するために必要なプロセスを計画し，準備する力（計画性）」の涵養に役立っているといえます。

　また，研究を進めるうえで，「情報収集能力」や「講義理解力」「文献理解力」「データを解釈する能力」，それらを支える「論理的思考力」「批判的思考力」が育っていることがわかります。研究をまとめ，成果を発信するプロセスで，「論文執筆能力」が身についたと感じており，これらの結果は本校が毎年12月に全校生徒を対象に実施している「グローバル意識調査」（神戸大学附属中等教育学校，2016, 2017, 2018）の結果とも一致しています。

テーマの設定について（見つける力）

　次に，神大附属が卒業研究で育成すべき能力として設定している5つの力（第3章参照）のうち，「見つける力」「調べる力」「まとめる力」「発表する力」の4つに焦点をあててアンケートの結果を見ていきます。

　まず，「見つける力」として「テーマの設定について」尋ねたところ，テーマを決めるのは難しかったと感じた生徒が多かったことがわかります。テーマ決定について，悩んだことや苦労したことを回答してもらった自由記述からは，先行研究を探すことが大変だったことや，自分の関心を社会的意義のある研究に結びつけるのが難しかったことがわかりました。また，倫理的な問題（「人工中絶問題」や「出産前遺伝子検査」等）の扱いにくさを記した生徒もいます。

　しかしながら，担当教員からのアドバイス（研究の実現可能性，問いの立て方）も効果があったようで（「教員のアドバイスが役だった」），最終的には「自分の興味にあったテーマが見つかった」と回答した生徒の割合も高くなりました。

情報収集について（調べる力）

　「調べる力」として，情報収集について尋ねたところ，研究手法について

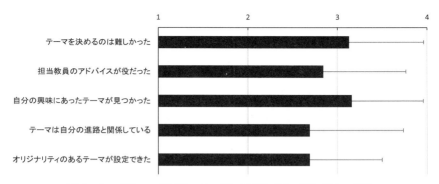

図9-3 「テーマ設定について」の平均値と SD （N =159）
範囲（1：思わない～ 4：大変そう思う）

　文献研究の大切さを強調して指導したことが奏功し，生徒の多くが「文献」や「先行研究の論文」を調べることができていたと回答しています。
　「インターネット（Web ページ）」を利用した生徒は多かったのですが，「新聞」を活用した生徒は少なく，「図書館」の利用度もそれほど高くありませんでした。こまめに新聞に目を通し，図書館に足繁く通うことが時間的に難しい高校生にとって，インターネットはスマートフォンなどからでも容易にアクセスでき，瞬時に検索結果が得られることからつい頼ってしまいがちです。しかし，これらの情報は「誰もが無料で手軽に発信しているもの」という可能性があるという特徴をよく理解し，情報源の信頼性を絶えず確認することに留意させることが必要です。
　情報の整理については，「パソコン」の使用が圧倒的に多く，ノートや学校からもらった「卒業研究ファイル」はあまり活用されていないことがうかがえます。個人研究の情報収集・整理には，画一化したプリントなどの提供は必ずしも効果的でなかったことがわかりました。
　自由記述の回答からは，文献ごとに要約をつけて保存したり，その時考えたことや指導教員や友だちからのアドバイスを記録したり，こまめにメモをとる習慣をつけている生徒もいることがわかりました。また，パソコンを利用する際も，フォルダの管理やファイル名の付け方など工夫し，パソコン本体だけでなく，USB など複数のメディアにバックアップを取って

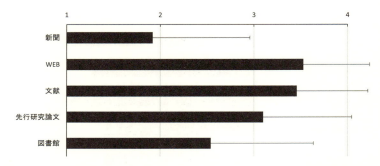

図9-4 「情報収集の際に活用したと思うもの」の平均値とSD（N=159）
範囲（1：思わない～4：大変そう思う）

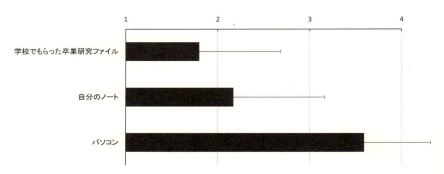

図9-5 「情報の整理に使用したと思うもの」の平均値とSD（N=159）
範囲（1：思わない～4：大変そう思う）

データの紛失を防いでいました。スマートフォンのメモアプリにインターネット資料のURLをまとめたり、スマートフォン内に卒業研究用のファイルを作っていつでも見られるようにしたり、オンラインストレージで情報を管理していた生徒もいました。

論文を書く力について（まとめる力）

まず、論文を書く以前の研究方法について、ほとんどの生徒が文献調査を行っており（159名中143名、89.9％）、アンケート調査を行った生徒は65名（40.9％）、実験・観察調査を行った生徒は53名（33.3％）でした。

「まとめる力」として「論文執筆について」尋ねた結果が図9-6です。

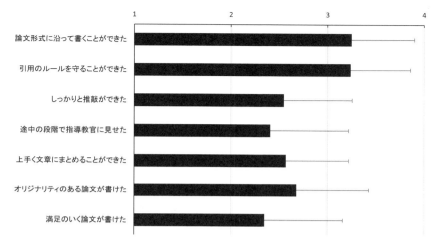

図 9-6 「論文執筆について」の平均値と SD（N =159）
範囲（1：思わない～4：大変そう思う）

あらかじめ論文執筆にあたって剽窃等について留意事項も含めたガイダンスを行い，書式のフォーマットをインターネットでダウンロードできるようにしたことで，多くの生徒が論文の構成を理解し，書式（目次・章立て等）を守り，「論文形式に沿って書くことができた」と感じており，「引用のルール（引用文献の書き方等）を守ることができた」と答えています。

しかしながら，やはり時間不足であったのか，「しっかりと推敲ができた」「途中の段階で何度も指導教員に見せながら書けた」と感じている生徒はやや少なく，結果として「オリジナリティのある論文が書けた」「満足のいく論文が書けた」と感じている生徒は多くはありませんでした。

プレゼンテーションについて（発表する力）

「発表する力」として，5年生3月に実施した中間発表（ポスター発表）と6年生7月（卒業論文提出後）に実施した最終発表（口頭発表）について尋ねた結果をまとめたものが図9-7です。

いずれの項目においても，ポスター発表，口頭発表ともにある程度の達成感が見て取れます。中間発表より最終発表の平均値の方が低い項目（特

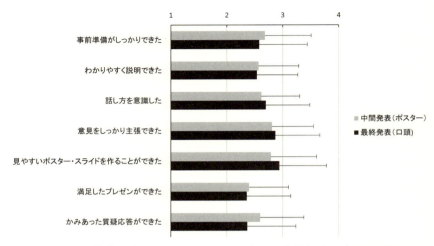

図9-7　「プレゼンテーションについて」の平均値とSD（N＝159）
　　　範囲（1：思わない〜4：大変そう思う）

に，「満足したプレゼンができた」と「かみあった質疑応答ができた」）については，生徒たちが自分の発表を客観的にふりかえり，自分の認識の癖に気づくことで「もっとうまくできたはず」というメタ認知（第1章参照）の高まりの表れであると肯定的に解釈することができます。

生徒のアンケートのまとめ（今後の展望）

　4回生の卒業研究のアンケートの結果から，課題探究の学習が学習者の知識の獲得に寄与するだけでなく，情報収集能力や文章執筆能力を高め，主体性，計画性，論理的思考力や批判的思考力の涵養にも役立つことがわかりました。

　これらの能力は，決して短期間にそして観念的に育成できるものではありません。本書では高校段階のため言及していませんが，本校が前期課程（中学段階）の「聞き方・話し方訓練」で培ったスキルをフィールドワーク（神戸・奈良・沖縄）等で実際に調査活動や発表活動に活かす取組を行うことで段階的にリサーチリテラシーの育成を図ってきたことや，大学教員の支援も得て全体講義も行いながらスモールステップで研究の進め方を指導

した結果（第3章参照）であると考えられます。後期課程（高校段階）で卒業研究（課題研究）をはじめるにあたっても，第7章で述べているように，5，6年生の発表会に参加してロールモデルとしての先輩の発表を見る機会があることも良い経験になっていると判断されます。

高校生のような感受性の強い若者たちに明確な課題認識を育てるためには，なによりも「人とつながり」，「経験する」ことが大切です。神大附属が実施している大学との連携授業や各種講演会（グローバルリーダーセミナー等）は社会的課題に対する関心を高め，国内交流事業や海外の研修旅行などの体験活動は，地域（神戸），日本，海外を比較したり関連づけたりすることで，物事を多角的に見る視点を養ってくれます。また，部活動の仲間に研究に協力してもらったり，講座（ゼミ）内での生徒同士が主体的に意見交換をすることは，たとえ研究テーマが異なっていたとしても，自らの課題を多面的・多角的に考察することが可能となり，課題解決につながることは生徒たちの自由記述における感想からも明らかです。

しかしながら，生徒たちからの要望にもありますが，研究時間の確保や実験設備およびインターネット環境など物理的な制約に加え，講座ごとの教員の指導力の格差などの課題があります。今後は既存のリサーチリテラシー育成プログラムをさらに改善し，体系的・継続的な指導が行えるように校内研究体制を整備していく必要があると考えられます。

2 批判的思考力テストの結果

次に，課題研究を通じて育まれるべき批判的思考力についての調査結果を紹介します[※1]。

第1章で批判的思考は，実際の問題解決に関わる能力やスキルである認知的側面と，批判的に考えようとする態度や志向性に関わる非認知的側面に分けられることを紹介しました。このうち，後者を測定するものとして，日本では批判的思考態度尺度（平山・楠見，2004）が頻繁に使われていま

※1 本節の調査実施とデータ分析では，ベネッセコーポレーションの伊藤素江様とバージニア工科大学の堀一輝様のお力をいただきました。記して感謝申し上げます。

す。また，前者を測定するものとして，ワトソン・グレーザー批判的思考力テストやコーネル批判的思考テストなどが知られています。これらのテストは論理的思考に重点をおいたものであり，比較的長い文章を読んで，その真偽の重みづけをさせるなど，重厚なものが一般的です（批判的思考の測定と課題の詳細は，平山・楠見（2011）をご参照ください）。神大附属の生徒には，前者を測定するものとして，ベネッセ教育総合研究所が研究開発中の批判的思考力テストをモニタとして受験してもらいました。

　この批判的思考力テストは，短い文章や会話を読んで，「主張していることの根拠として，最もふさわしいものはどれか」「主張が確かどうか確認するために何を調べれば良いか」といった問いに選択肢から回答する，という形式になっています。分析に用いられた問題数は22問で，認知的側面の3つのサブスキル「明確化」「推論の土台の検討」「推論」に対応した問題が出題されています。（サブスキルは第1章を参照）。

結果の要約統計量

　神大附属で，2015年7月に4年生であった生徒（4回生）が批判的思考力テストを受験し，6年生となった2年後の2017年7月に再び受験した両時点での受験者数や正答率の平均値等を表9－1と図9－8に示します[※2]。

　表9－1とヒストグラムから，2年間で批判的思考力テストの得点が全体的に上昇していることが明らかです。4年生時の7月は，卒業研究に取り組む前で，研究とは何かという基礎を学び始めた時期です。また，6年生時の7月は，卒業研究の論文を提出した直後です（第3章参照）。このことから，2年にわたる卒業研究の取組の期間を通じて，批判的思考力が高まっている様子がわかります。

　神大附属の生徒の批判的思考力がどの程度かを把握するため，首都圏の高校1～3年生（神大附属の4～6年生に相当）と，トップクラスの大学

※2　多くのSGHやSSH指定校では，1つの学年のうち，あるクラスがSGHやSSHのカリキュラムで進み，他のクラスは普通科として従来のカリキュラムで進んでいるため，クラス間の比較によって，SGHやSSH独自のカリキュラムやそこで育まれる力の伸び具合を検証できます。これに対して，神大附属では，全員が課題研究に取り組むため，その伸び具合を直接検証するのは困難です。その点を踏まえて，結果をご覧ください。

表 9-1　批判的思考力テストの受験情報と正答率の要約統計量

	人数	平均値	標準偏差	中央値
4年生時 (2015年)	167 (男85／女82)	0.740 (74.0％)	0.188	0.773 (77.3％)
6年生時 (2017年)	149 (男73／女76)	0.811 (81.1％)	0.170	0.864 (86.4％)
高校生 (1～3年)	272 (男137／女135)	0.693 (69.3％)	0.204	0.727 (72.7％)
大学生 (1～4年)	205 (男125／女80)	0.841 (84.1％)	0.127	0.878 (87.8％)

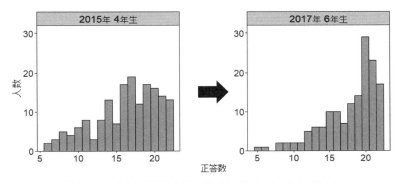

図 9-8　批判的思考力テストの正答数のヒストグラム

生（東京大学，一橋大学，東京工業大学，早稲田大学，慶応大学，上智大学）のデータも表 9-1 に掲載しています（ただし，今回のテストは高校生向けに作成されており，大学生に実施したテストと同一ではありません。大学生の値は，比較できるように補正された理論値となります）。

　これらの値を比較すると，神大附属の生徒の批判的思考力は 4 年生（高校 1 年生に相当）の時点で一般的な高校生を上回っており，そこから 2 年でさらに伸び，6 年生時にはトップクラスの大学の学生と遜色のないレベルに到達していることがわかります。

また，4年生時と6年生時の両方で受験した148人について，各自の6年生時の正答率から4年生時の正答率を引いた「正答率の差」を算出したところ，平均値が0.062で，標準偏差が0.140でした。すなわち，2年の間に，平均して6.2％正答率が上昇し，統計的にも有意でした（$t(147) = 5.38, p < .01$）。批判的思考力テストは22問構成ですので，平均して1.4問多く解けるようになったことを意味します。既に4年生の時点で0.740（74％）という高い正答率である（16.3問を正答している）ことに加えて，6年生時の正答率がトップクラスの大学生と遜色がなく，これ以上の伸びを考えにくいことを考慮すると，「平均して1.4問分の上昇」は容易なことではなく，批判的思考力の向上という点で意味を持つと考えられます。

男女差とサブスキル

　次に，批判的思考力テストを男女別に3つの構成要素であるサブスキル（明確化，推論の土台の検討，推論）に分けて，箱ひげ図にまとめたものが図9-9です。箱の中の●と▲は平均値を，横の太線は中央値を，箱の上端は上位25％に位置する値を，箱の下端は下位25％に位置する値を，箱を貫く縦線（ひげ）の上端と下端は最大値と最小値を，それぞれ表します。3つのサブスキルとも平均値に男女差は見られませんが，男子では，明確化と推論において全体的な上昇が目立ちます。女子では，推論の土台の検討が苦手だった生徒が2年間で大きく減っていることがうかがえます。

卒業研究および教科との関連

　次に，批判的思考力テスト，卒業研究，教科の3つの間の関連を見てみましょう。批判的思考力テストは，6年生時（2017年7月実施）の得点を用いました。教科の成績は，6年生時のマークテスト2回（2017年6月および9月実施）と記述テスト1回（2017年7月実施）の計3つについて，それぞれ国語，数学，英語の全国偏差値を用いました。6月末が卒業研究の論文提出締切のため，6月実施は論文の提出直前，7月実施は提出直後，9月実施は卒業研究から離れ，受験に力を注いでいる時期となります。

　第1に，批判的思考力テストと卒業研究の評価（100点満点，第6章参

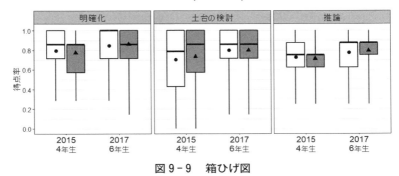

図 9-9 箱ひげ図

表 9-2 批判的思考力と卒業研究の相関（N =149）

	批判的思考力テスト			
	正答数	スキル別		
		明確化	土台の検討	推論
卒業研究	.27***	.23**	.26**	.22**

**p < .01; ***p < .001.

照）との関連（表 9-2）では，批判的思考力テスト全体の正答数でも，「明確化」「推論の土台の検討」「推論」のサブスキルごとの正答数でも，卒業研究との相関は統計的に有意でした。このことから，批判的思考の能力が高いほど，卒業研究の評価が良いことがわかります。

　第 2 に，批判的思考力テストと教科との関連（表 9-3 の上段）では，3 回のテストの各教科で，いずれも相関係数の値は高く，統計的にも有意でした。このことから，批判的思考の能力が高いほど，教科の成績が良いことがわかり，その関連はテストの時期や形式や教科の種類に関係なく，安定して強いものであるといえます。

　第 3 に，卒業研究と教科の関連（表 9-3 の下段）でも，3 回のテストの各教科で，いずれも相関係数の値は高く，統計的にも有意でした。このことから，教科の成績が良いほど卒業研究の評価も良いことがわかり，その関連はテストの時期や形式や教科の種類に関係なく，安定して強いもので

表9-3 批判的思考力と教科，および卒業研究と教科の相関

	2017年6月（マーク模試）			2017年7月（記述模試）			2017年9月（マーク模試）		
	国語 ($N = 140$)	数学 ($N = 132$)	英語 ($N = 146$)	国語 ($N = 129$)	数学 ($N = 144$)	英語 ($N = 146$)	国語 ($N = 148$)	数学 ($N = 149$)	英語 ($N = 149$)
批判的 思考力	.53***	.41***	.46***	.43***	.40***	.50***	.59***	.42***	.53***
卒業研究	.38***	.22**	.33***	.40***	.20*	.32***	.37***	.29***	.35***

*$p < .05$; **$p < .01$; ***$p < .001$.

あるといえます。

卒業研究の評価を考慮した分析

　卒業研究の評価（段階）ごと（AA, A, B, C, D, E；再提出が求められたEを除く）に分けた場合，2年間で批判的思考力テストがどのように変化をしていたかをまとめたグラフが図9-10です。優秀者発表会（第7章参照）での口頭発表者（SO）とポスター発表者（SP）とAAは，同等のグループと考えられます（AAの中からSOとSAが選ばれます）が，ここでは分けています。CとDのグループを除き，2年間で批判的思考力テストの点が同様に上昇しているのに対して，CとDのグループは横ばいです。また，既に4年生の時点で，おおむね6年生の卒業研究の評価の順序で，批判的思考力テストの得点の高低が並んでおり，それが6年生でもほぼ保たれています。さらに，AAグループ（SO／SP／AA）は，得点が高い傾向にあります。このことから，4年生の時点での批判的思考力を知ることで，6年生の卒業研究の評価をある程度予想できるといえそうです。

まとめ

　批判的思考力テストの結果から明らかになったことをまとめましょう。
　第1に，4年生から6年生にかけての2年間で，男女ともに批判的思考力は平均的に向上していることが明らかになりました。第2に，批判的思考力，卒業研究，教科の3つの間に関連があることが明らかになりました。しかも，この関連は，教科の種類やテストの時期，形式に関係なく，安定

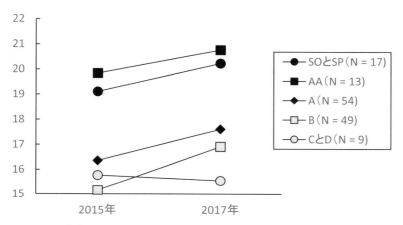

図9-10 卒業研究の評価ごとの批判的思考力テストの得点の平均値の変化
（得点範囲：0〜22点）（$N=142$）

して強いものとなっています。これは，全国学力・学習状況調査の分析等において，総合的な学習の時間で探究プロセスを意識した学習活動に取り組んでいる児童生徒ほど各教科の正答率が高い傾向にあることが明らかになっている（文部科学省，2018）ことと一致する結果といえます。

既存の批判的思考力テスト（例：ワトソン・グレーザー批判的思考力テスト）が論理的思考に重点をおいたものが多い（平山・楠見，2011）ことからもわかるように，基礎的な認知能力（論理的思考や記憶など）は批判的思考力と関連があります。また，基礎的な認知能力は教科の成績にも関連します。そこで，教科と批判的思考力が相互に高めあい，卒業研究に影響を与えている可能性が考えられます。また逆に，卒業研究を進める過程で，物事をうのみにせず多面的に考える癖がつくことで批判的思考が高まり，もっと知識をつけようと教科の勉強も頑張ることになるのでしょう。総合的な学習（探究）の集大成である卒業研究は，批判的思考（領域一般）と教科（領域固有）の学習の両方が重要で，両方が揃うからこそ卒業研究が優れたものになるといえそうです。神大附属のKP，そして，教科におけるアクティブラーニングが批判的思考を育み，卒業研究に結びついているとまとめられるでしょう。

第10章　卒業論文とポスターの例

　本校では，2018年度の時点で5回生までの卒業論文の提出が終わり，多くの課題研究が蓄積されています。そこで本章では，本校での「優秀者発表会」（第7章参照）に選ばれた研究例として，卒業論文の本文（和文・英文要約と目次は割愛）もしくはポスターを紹介します。

　本校はSGH指定校のため，研究テーマは文系から理系まで実に多様です（第4章参照）。そこで，紹介する卒業論文やポスターも，文系研究と理系研究の双方からバランスよく選んでみました。第5章で述べたように，理系研究の多くが実証的研究であるのに対して，文系研究は手法により実証的研究と文献研究に分かれますので，卒業論文やポスターの双方で，実証的研究と文献研究を1本ずつ紹介しています。

　いずれの研究も，社会的に意味のある問題に焦点を当て，中等教育（高校生）の知識の範囲内では未解決に思える問題に取り組んでおり，第1章で記したように課題研究のテーマとして成立する条件を満たしていると考えられます（酒井，2013）。

　なお，ここにまとめられた卒業論文やポスターの文章に対して基本的には手を加えていませんが，読みやすさを優先して，表記や見出し，句読点，括弧，改行などを生徒の了解のもと，一部を変更しています。また，紙幅の関係で，割愛している部分には「割愛」と記しています。

卒業論文例①：文系研究（実証的研究）
若者の投票率を上げるための政治教育とは
―模擬選挙を用いた実験の投票率から見る情報刺激の効果―

3回生　森田恵美里

第1章　はじめに

第1節　有権者年齢引き下げと若者の投票率の現状

2016年7月の参議院議員選挙より、日本の有権者年齢が20歳から18歳に引き下げられることが決定した。その背景には日本の若者の投票率の低さがあるとされている（注：本論文は2016年6月に提出されている）。

例えば、平成26年度の衆議院議員選挙における有権者全体の投票率は52.66％だったが、一番投票率の高かった60歳代の投票率68.28％と比べて20歳代の投票率はわずか32.58％だった［総務省統計局，2016］。

若者の投票率の低さは日本に限定したものではない。驚くことに、ほぼどの国においても若者の投票率は全体の平均を下回っている。しかし、経済協力開発機構（OECD）加盟国の中で比較すると、日本における投票率の年代別格差はイギリスに次いで2番目に大きい［OECD, 2011］。

若者の政治的無関心についても、日本社会固有の現象では決してなく、世界中で起きている。また、年代と政治的関心との関連は、政治情勢において大きく変動するものである。若者は、既存の秩序の再調整に関わることには概して無関心であるが、社会の変革や個人の自由に関わることには関心をもつ傾向にある。したがって、若者の政治的無関心は、選挙の目的が政治的課題の大きな変革ではなく、単なる利害の調整機能に縮小されると生じると言えそうである［高橋征仁，2010］。

若者の政治離れという問題に対して世界の国々はどう対処しているのか。選挙制度の違いに着目すると、世界の約90％の国では選挙権が18歳で与えられ、現在20歳の日本は少数派である。主要国（G8）の中では8か国中日本を除く7カ国が18歳と定め、経済協力開発機構（OECD）加盟の34カ国中、日本と韓国以外の32カ国は18歳までに選挙権を認めている。また、さらなる引き下げに臨む国もある。オーストリアは2007年に18歳から16歳へ、ブラジル、アルゼンチン、なども16歳に引き下げている［佐藤令. 国立国会図書館，2008］。また、世界にはオーストラリアやシンガポールといった強い義務投票制をとっている国や、ブラジルやアルゼンチンといった弱い義務投票制をとっている国が存在する［酒田市役所選挙管理委員会事務局］。

第2節　投票率の低迷が引き起こす不利益

若者の政治離れは若者自身、そして社会全体に不利益をもたらしているとされて

いる。まず，投票率の格差より政策は高齢者向けとなり，高齢者のみに沿った政治であるシルバーデモクラシーが成り立ってしまう。このことを示すものの一つとして，1人が生涯に受けとる社会保障料や医療費の差を示す年代別受理格差が挙げられる。この数値は年々拡大しており，結果的に若者への負担が大きくなり，働く世代が損をしていることになる。現在の財政や社会保障などを中心とする政府の支出・収入構造と，今後実施されることが明らかになっている政策を前提とした世代会計によると，現在の30代以下の国民は，70代の国民と比べて生涯を通して一人当たり4000万円も損をするという統計が出ている［森川友義，2009］。世代間受理格差は年代別投票率の格差と強い相関があるため，若者の投票率を上げない限り，政治家は投票数獲得のために投票率の高い高齢者に寄り添った政治を行い，現在働いている世代が最も損をするという状態が続いてしまう。

さらに，若年層の投票率の低さは人口全体への不利益をもたらすという見方もある。若者の投票率が低い国では，それ以外の年代の投票率も比例するように低く，国全体の民主主義体制が失われる傾向にある。実際に各国の投票率の年代別のグラフを見るとその形は似ていることがわかる。若い時に投票へ行かない人は年齢が上がっても投票へ行かない傾向にある，という理由だ。そこで各国の投票率の水準を保つ，または上げるために若者の投票率の向上は必要である［品田裕，2015］。

第3節　有権者年齢引き下げに向けた政治教育の現状

これらの理由より日本の有権者年齢を18歳へと引き下げ，若者の政治参加を促そうという動きが現れている。ここで注目すべき点は有権者の一部に高校生が含まれることになることだ。学校における政治教育が今まで以上に若者の投票率に影響を与えると考えられる。しかし，それに見合った政治教育はまだ行われていない。

そこで，日本の有権者年齢の18歳への引き下げを見据えて，若年層の投票率を上げるための効果的な政治教育とはどういったものなのか。現在，選挙管理委員会，国連，様々なNPOなどの団体が新たな政治教育に取り組もうと動き始めている［田中治彦，2013］。しかし，多くの高校は大学受験を見据えたカリキュラムを持ち，その中に新たに政治教育を取り入れることが時間的にも，教師側からしても困難となっている。また，多岐にわたる政治教育の方法が各地で試されているが，どの方法が一番効果的なのかはわかっていない。

第4節　本研究

本研究では，高校教育に取り入れやすいような，最も効果的かつ効率的な政治教育を提案するために，どのような情報刺激をどのような方法で生徒に与えることで投票に行くようになるのかを明らかにする。具体的には，情報刺激の種類と若者の投票行動の関連性について調べる。まず根本的に，政治的な情報を与えるのと与え

ないのでは，投票率にどの程度の差が生まれるのか。さらに，選挙政治的な情報に関しても，政党に関する情報を元に自分で投票したい政党を選ぶ場合と，政治的意見に基づいて他者に政党を選んでもらうのでは，投票行動に違いが出るのか。そして，政治的な情報刺激ではなく，個人の利益になる情報を与えた場合はどうなるのか。これらの問いに答えるために，本研究では中高生を対象にそれぞれ異なる情報刺激を与えた後に，実際の選挙を再現する形で実験を行った。

第2章 実験

第1節 実験の概要

本実験では，二つの異なる政治的刺激と，政治とは無関係ではあるが個人の利益になる情報刺激を与えた場合と与えなかった場合での参加者の投票行動の違いを調査した。実際に参加者の投票行動を再現するために，参議院議員選挙を想定した模擬選挙を実施した。実験の流れとして，事前調査（政治意識調査など）を実施した後に模擬選挙に向けた準備作業として情報刺激を与え，翌日に投票箱を設置して任意参加の模擬選挙を実施した。事前調査と模擬選挙に向けた準備作業は，オンラインアンケートサービスのクアルトリクスを用いて，社会科，または情報の授業時間内に，各生徒に個別にコンピュータ上で行った。事後アンケートに関しては，紙媒体のものをホームルームの時間に配布し，実施してもらった。

本実験の参加者としては，本校（神戸大学附属中等教育学校）の第2，3，5学年（一般的には中学校2，3年生と，高校2年生）の協力を求めた。各学年の人数は第2学年182人，第3学年173人，第5学年123人の，合計478人が参加者となった。

第2節 事前調査について

事前調査では，投票に行った参加者と行かなかった参加者の傾向を調べるために，参加者の属性と，政治に関する考えや普段の行動について質問した。質問の中では主に政治的意識，政治的情報の入手先，印象的だった政治に関する授業について聞き，さらに18歳になったら投票に行くかどうかと，その理由について調べた。

第3節 情報刺激について

本実験では政治と景品の有無の二つの観点から情報刺激を与え，投票率の違いを調査した。まず，政治的情報刺激については3つ，すなわち，まったく政治とは関係のない情報を与えるパターン，政党比較表を提供し自ら投票したい政党を考えてもらうパターン，そして政党相性診断ボートマッチを受けてもらい，もっとも相性のよい政党が表示されるパターンを用意し，これらを刺激0，1，2とした。

刺激1と2を選ぶにあたっては，政治参加を規定する3つの要因［Verba, 1995］と，投票参加を合理的な個人の便益計算に基づいて考察した，ライカーとオードシ

ュックの意思決定モデルを参考にした［Riker, 1968］。まず政治参加を規定する3つの要因とは，政治的資源（時間，お金，および政治や社会活動に必要なスキル），政治への心理的なかかわり（政治的有効性感覚，義務を果たした時の満足感，政治参加から得られる集団への帰属感や，政治で理想の社会を実現したいという目的意識），政治的勧誘のネットワーク（家族や職場，宗教団体，住民自治組織や趣味のサークルから政治参加への誘いを受けること）であるとされている。これらより，一つ目の政治的資源に注目し，その中でも政治に関する知識・情報を刺激1とした。知識・情報を選んだ理由としては，本研究の目的である学校教育に反映可能であると考えたからである。学校で政治教育を行う際，まず政治的中立性を厳しく守る必要がある。2つ目の政治への心理的なかかわりを養おうと思うと，この中立性を保つのが難しいと考えたため除外した。さらに，教師への負担がなるべく少ないことと，どの教師が教育を行っても生徒にとって同じように効果的である必要がある。また，できるだけ少ない授業回数の中で効果を出す必要がある。これらが知識・情報を選んだ理由である。

　次に，ライカーとオードシュックの意思決定モデルとは，
　　　　　期待利得＝確率×便益＋義務感－投票コスト
　　　　　期待利得＞0：投票に行く
　　　　　期待利得≦0：投票に行かない
という形で有権者が自分の投票行動のもたらす効用を計算して投票に行くかどうかを決定していると考えるものである。ここにある期待利得とは，投票に行くことから得られると期待できる便益である。確率とは自分の一票が選挙結果を左右する確率，便益は候補者が当選した場合にもたらされる便益であるが，確率の値はかなり小さい値となり，その結果，確率×便益も小さくなることや，これらの値を教育で変化させることは難しいという点から本研究では検証しなかった。さらに義務感とは，政治参加を規定するうちの政治への心理的なかかわりに関連するものであり，これも同様，本研究において教育に反映するのが難しく，また中立性を保ったまま教育するのが難しいと考えた。そこで，残った投票コストという点に注目し，これを軽減させるものを刺激2とすることにした。

　これら二種類の政治的な情報刺激について，具体的に用いた資料を説明する。まず，刺激1として用いたのは，政党比較表を提供し，参加者に投票したい政党を考えてもらうものである。これに関しては，政治・選挙プラットフォーム政治山が公開している『衆議院議員選挙2014「マニフェスト・公約 比較表」』を利用した。この政党比較表には，各政党が持つ，憲法，税制，経済などのさまざまな分野についての立場が書かれている。さらに見たくない政党の表を隠し，見たい政党のみを選択して表示させることもでき，知りたい情報にたどり着きやすい資料であった。この政党比較表を用いた場合，参加者が自ら知りたい情報を捜して読むことができ，そ

れによって得た各政党に関する情報をもとに投票したい政党を選ぶことができる効果があると考えた。実験実施の時点で2016年の参議院議員選挙に関する政党比較情報が少なかったため，2014年の衆議院議員選挙の情報を利用した。次に，刺激2としては，政党相性診断ボートマッチを利用した。形式としては，最初に複数の政策について賛成反対等の意見を答え，その結果に基づいて自分に最も相性の良い政党が表示されるものだ。これに関しては，毎日新聞ボートマッチ「えらぼーと2014衆院選」を用いた。このサービスは，衆議院選挙を「題材」に政治について考えられるサービスで，実際に選挙の候補者に回答してもらったアンケートと同じ設問に答えることで，回答者がどの政党，候補者と考えが近いのかを数値化するものだ。このサービスを用いた場合，参加者はいくつかの質問に答えるだけで最終的に投票するべき政党を教えてもらえる，という点から，投票することにかかる労力（投票コスト）が軽減されると考えた。

　本実験では，以上の二つの政治的な情報刺激に加え，コントロールグループとして政治とは無関係な情報刺激を与える集団を作った。この集団に関しては，政治とは無関係な日本史や地理に関するクイズに答えてもらった。以下この刺激を「刺激0（ゼロ）」とする。

　さらに，政治とは無関係ではあるが，個人の利益となる情報刺激として，景品の有無を設けた。「投票に来れば景品を渡します」という表示をするかしないかで二つに分け，表示をしないパターンを刺激A，するパターンを刺激Bとし，実際パターンBの参加者が投票に来た際には景品を与えた。

　以上の三つの政治的な情報刺激と，景品の有無に関する表示の組み合わせによる計6パターンの情報刺激を用いた（表1参照）。具体的には，政治とは無関係な刺激を与え，かつ景品に関する表示の無いグループ（0A），政治とは無関係な刺激を与えるが，景品を渡すグループ（0B），政党比較表を用いて自ら政党を選んでもらうが，景品は渡さないグループ（1A），政党比較表を用いて自ら政党を選んでもらい，かつ景品を渡すグループ（1B），ボートマッチを用いた政党相性診断を受けてもらうが，景品は渡さないグループ（2A），そしてボートマッチを用いた政党相性診断を受けてもらい，かつ景品を渡すグループ（2B）である。

表1　情報刺激と景品の有無の組み合わせ

情報刺激／景品の有無	刺激A．景品なし	刺激B．景品あり
刺激0．政治とは無関係な刺激（社会科クイズ）	グループ0A	グループ0B
刺激1．政党比較表を用いた政党比較	グループ1A	グループ1B
刺激2．ボートマッチを用いた政党相性診断	グループ2A	グループ2B

　以上の情報刺激に関しては，全てオンラインアンケートサービスのクアルトリク

スを用いて，参加者に対してコンピュータ上で与えた。6種類の情報刺激のパターンの割り当てに関しては，クアルトリクスのランダマイザー機能を用いて，各参加者にランダムに割り当てた。さらに，与えた情報刺激と投票行動の関係性を分析するために，各参加者に「投票番号」を割り当てた。この投票番号については，その場で投票番号記録用紙を配布し，それに記入させた。この記録用紙については，一部切り取って担当教員に提出し，事後調査の際に再配布してもらい，本紙は各参加者が保管した（実際の事前調査，情報刺激，事後調査の資料は割愛）。

第4節　模擬選挙について

参加者の投票行動を再現するために用いた模擬選挙に関しては，有権者年齢が初めて18歳に引き下げられる2016年7月実施予定の参議院議員選挙を想定したものを実施した。実験実施の時点では各政党の立候補者名が発表されていなかったので，政党に投票する形の，比例代表区のみの選挙とした。

模擬選挙に関する告知は，事前調査と事前準備の際に社会科，または情報の授業の担当教員に簡単に伝達してもらい，その詳細についてはクアルトリクスを用いて情報刺激の最後に記載した。さらに，前述の投票番号記録用紙の参加者保管の部分に，模擬選挙の実施日程と投票できる時間，そして投票所の場所を記載した。

投票当日は，投票所として校内の一箇所に投票箱を設置し，昼休みと放課後の二つの時間帯に開放した。参加者には第二節で述べた「投票番号」を持参させ，投票所で渡した投票用紙にその投票番号と，投票したい政党の名前を記入した上で投票箱に投票させた。

第3章　結果

第1節　事前調査の結果

(1) 日頃から政治にどのくらい注意を払っているか

日頃から政治にどの程度政治に注意を払っているかについて，「いつも注意を払っている」と答えた生徒は全体のわずか8％のみであり，「時々注意を払っている」と答えたのが41％だった。これらを合わせると49％の生徒が政治に注意を払っていることになる。

学年別に見ると，「政治に注意を払っている」と答えた生徒の割合は2年生が最も大きかったが，その他の学年においては大きな差は見られなかった。性別で見ると，男子生徒において，「いつも注意を払っている」と答えた生徒と，「時々注意を払っている」と答えた生徒の割合がいずれも女子生徒を上回り，それら二項目を合わせると，男子が54％だったのに対して女子は42％にとどまった。

よって，日ごろの政治に対する興味・関心については，学年よりも性別と関連性が強く，女子よりも男子の方が日ごろから政治に注意を払っていることが分かった。

表2　日ごろから政治にどのくらい注意を払っているか（人数（％））

回答内容	2年生	3年生	5年生	男	女	全体
いつも注意を払っている	21 (12%)	8 (5%)	7 (6%)	28 (12%)	8 (3%)	36 (8%)
時々注意を払っている	75 (41%)	70 (40%)	49 (40%)	100 (43%)	94 (39%)	194 (41%)
あまり注意を払っていない	70 (38%)	76 (44%)	57 (46%)	84 (36%)	119 (49%)	203 (42%)
わからない	15 (8%)	13 (8%)	8 (7%)	16 (7%)	20 (8%)	36 (8%)
答えたくない	1 (1%)	6 (3%)	2 (2%)	7 (3%)	2 (1%)	9 (2%)
計	182 (100%)	173 (100%)	123 (100%)	235 (100%)	243 (100%)	478 (100%)

（2）自分の一票で選挙結果は変わらない
（3）普段から支持している政党はあるか
　割愛
（4）もっとも印象的だった政治の教育
　今まで学校で受けてきた政治に関する教育において，もっとも印象的だったものを，自由記述で全ての生徒に調査した。文章の内容で分類すると，多かった順に，特になし，政治の仕組み，時事問題，選挙について，歴史関連の政治，憲法，政治家による講演が挙げられた。そのなかでも「特になし」と記述した人の割合は37％と，次に多かった政治の仕組み16％の倍以上の割合であった。

表3　政治に関する教育において，もっとも印象的だったもの（人数（％））

記述内容	全体
政治の仕組み	78 (16%)
TPPや沖縄米軍基地問題，集団的自衛権など，時事問題	60 (13%)
選挙の仕組みや，有権者年齢が18歳に引き下げられたこと	58 (12%)
歴史関連の政治の内容や，今と昔の政治の違い	36 (8%)
日本国憲法や，その改正	31 (6%)
政治家による講演を受けたこと	22 (5%)
特になし	179 (37%)
その他	14 (3%)
計	478 (100%)

（5）メディアごとの政治的情報入手頻度
　割愛
（6）18歳になったら投票へ行くと思うか
　全体の77％の生徒は18歳になったら投票へ「行くと思う」と答えた。学年別に見ると，2年生で「行くと思う」と答えた人の割合が84％で最も大きく，3年生と5年生においてはそれぞれ70％と75％とであった。

表4　18歳になったら投票に行くと思うか（人数（%））

回答内容	2年生	3年生	5年生	男	女	全体
行くと思う	153 (84%)	121 (70%)	92 (75%)	176 (75%)	190 (78%)	366 (77%)
行かないと思う	29 (16%)	52 (30%)	31 (25%)	59 (25%)	53 (22%)	112 (23%)
計	182 (100%)	173 (100%)	123 (100%)	235 (100%)	243 (100%)	478 (100%)

投票に「行くと思う理由」／「行かないと思う理由」の集計は割愛

第2節　本実験の結果：投票率

　本実験の参加者478人中，模擬選挙に投票を行ったのは233人であり，全体の投票率は48.7%であった。ただし，その中には無効票が21票含まれていたため，有効票は212票となり，有効票のみを数えた場合の投票率（表の「有効票全体」）は44.3%となった。なお，本研究では，投票用紙に不備があった場合と投票番号が判定できなかった場合を無効票とした。これらの票は全体の投票率には含めるが，どの情報刺激を与えた参加者の票なのかが判定できないため，情報刺激別の投票率には含めない。一方，投票用紙の政党名の欄に実在しない政党名を書いた場合や，白票だった場合，投票番号が判定可能な票であれば情報刺激別の投票率には含める。ただしこの場合は，実際の選挙と同様，選挙結果に影響を与えないものとする。

（1）政治的情報刺激

　政治的情報刺激の種類による投票率は，政治とは無関係な刺激を与えた「グループ0」のが39.1%，政党比較表を用いて政党比較をしてもらった「グループ1」が49.4%，ボートマッチを用いた政党相性診断を受けてもらった「グループ2」が44.7%となった（図1を参照）。したがって，最も投票率が高かったのは政党比較表を用いた情報刺激を与えた「グループ1」で，最も投票率が低かったのは政治的情報を与えなかった「グループ0」となった。

（2）政治とは無関係だが個人の利益となる情報刺激：景品の有無

　景品に関する情報刺激を与えず，投票所で景品を渡さなかった「グループA」の投票率は40.9%であったのに対して，景品に関する情報刺激を与え，投票所で景品を渡した「グループB」の投票率は47.7%となった。よって，景品有りの「グループB」の投票率のほうが，景品無しの「グループA」の投票率よりも高くなった。

（3）政治的刺激と景品に関する刺激の組み合わせ

　政治とは無関係な「刺激0」を与えた参加者において，景品を渡さなかった「グループ0A」の投票率が35.7%であったのに対して，景品を渡した「グループ0B」の投票率は42.9%であり，後者の投票率が前者を上回った。

　「刺激1」を与え，政党比較表を用いた政党比較を行ってもらった参加者において，景品を渡さなかった「グループ1A」の投票率が46.5%であったのに対して，景品

を渡した「グループ１Ｂ」の投票率は51.7％となり，こちらに関しても後者の投票率が前者を上回った。

「刺激２」のボートマッチを用いた政党相性診断を受けてもらった参加者のうち，景品を渡さなかった「グループ２Ａ」の投票率が41.5％であったのに対して，景品を渡した「グループ２Ｂ」の投票率は48.1％となり，こちらに関しても後者の投票率が前者を上回った。

したがって，三種類の情報刺激のうちどの政治的情報刺激を受けたグループにおいても，景品に関する情報を与え，景品を渡したグループの投票率が，景品に関する情報を与えず，景品を渡さなかったグループの投票率を上回った。

また，景品を与えなかった参加者のうち，政治的情刺激の種類による投票率は，投票率が高かった順に「刺激１」，「刺激２」，「刺激０」となった。

同様に，景品を与えた参加者のうち，政治的情刺激の種類による投票率は，投票率が高かった順に「刺激１」，「刺激２」，「刺激０」となった。

したがって，景品を与える・与えないとは関係なく，政治的情報刺激の種類による投票率は，投票率が高かった順に「刺激１」，「刺激２」，「刺激０」となった。

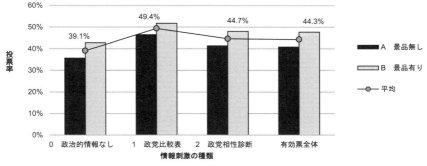

図１　与えた情報刺激と投票率

（４）学年・性別と刺激別の投票率

以上で述べた関係が，どの学年・性別でも成り立つのかを分析した。

まず，与えた政治的情報刺激による投票率について，学年ごとにその関係を見ると，２，３，５年生のどの学年においても投票率の低いものから刺激０，２，１となった。よって，学年を問わず刺激１が最も効果的であり，全体の平均的な刺激と投票率の関係がどの学年においても成立することがわかった。

以降の学年別および性別による分析は割愛

第3節　事前調査と投票行動の関連性

事前アンケートと本実験における投票の有無を比較し，模擬選挙において投票に行った人と行かなかった人の傾向を分析する。

(1)「日頃から政治にどのくらい注意を払っているか」との関連

まず，投票に行った人と行かなかった人の政治に対する興味・関心について比べた。「いつも政治に注意を払っている」と答えた人の割合は，投票に行った人については8.5％，行かなかった人については6.8％と，大きな差は見られなかった。「時々注意を払っている」と答えた人の割合に関しては，投票に行った人の46.7％，行かなかった人の36.7％が当てはまることがわかった。これらを合わせると，投票に行った人の55.2％が政治に注意を払っているのに対して，投票に行かなかったは42.5％の人しか注意を払っていないといえる。

したがって，投票に行った生徒は行かなかった生徒に比べて，日ごろからの政治に関する興味・関心を持っている傾向があるといえる。

表5　日頃の政治への注意度と投票の有無（人数（％））

回答内容	投票に行った	投票に行かなかった	全体
いつも注意を払っている	18 (8%)	18 (7%)	36 (8%)
時々注意を払っている	99 (47%)	95 (36%)	194 (41%)
あまり注意を払っていない	79 (37%)	124 (47%)	203 (42%)
わからない	13 (6%)	23 (9%)	36 (8%)
答えたくない	3 (1%)	6 (2%)	9 (2%)
計	212 (100%)	266 (100%)	478 (100%)

(2)「自分の一票で選挙結果は変わらない」との関連
(3)「普段から支持している政党はあるか」との関連
割愛
(4)「もっとも印象的だった政治の教育」との関連

今まで学校で受けてきた政治に関する教育においてもっとも印象的だったものについて聞いたところ，特に無かったと答えた人の割合を比べると，投票に行った人については33％がそのように答えたのに対し，投票に行かなかった人においては41％と行った人よりも高かった。それ以外の項目において，大きな差が見られたのは時事問題についての授業が印象的だったという項目で，投票に行った人の17％がこう答えていたのに対し，投票しなかった人においては9％にとどまった。政治の仕組み，選挙について，政治家による講演会の3項目においては，投票に行かなかった人の方がそのように答えた人の割合が高かった。

したがって，投票に行った人は行かなかった人と比べて政治に関する教育が印象に残っている傾向にあり，その中でも時事問題についての教育の影響が強いといえ

る。しかし，政治の仕組みや，選挙について，そして政治家による講演会などの政治教育は，必ずしも投票に行くきっかけにはならないことがわかった。

表6 もっとも印象的だった政治の教育と投票の有無（人数（％））

記述内容	投票した	投票しなかった	全体
政治の仕組み	31 (15%)	47 (18%)	78 (16%)
ＴＰＰや沖縄米軍基地問題，集団的自衛権など，時事問題	35 (17%)	25 (9%)	60 (13%)
選挙の仕組みや，有権者年齢が18歳に引き下げられたこと	22 (10%)	36 (14%)	58 (12%)
歴史関連の政治の内容や，今と昔の政治の違い	20 (9%)	16 (6%)	36 (8%)
日本国憲法や，その改正	17 (8%)	14 (5%)	31 (6%)
政治家による講演を受けたこと	8 (4%)	14 (5%)	22 (5%)
特になし	70 (33%)	109 (41%)	179 (37%)
その他	9 (4%)	5 (2%)	14 (3%)
計	212 (100%)	266 (100%)	478 (100%)

（5）「普段家族と政治の話をするか」との関連
割愛
（6）「18歳になったら投票に行くと思うか」との関連

　事前アンケートにおいて，18歳になったら投票に行くと思うか，思わないかという質問に対して答えた内容と，本実験の模擬選挙における投票行動を比較した。

　「行かないと思う」と答えた人のうち，実際には投票に行った人の割合が最も多かったのは，刺激1を与えたグループであり，1Aが57％，1Bが48％となった。それに対して，刺激2を与えたグループの投票率は全体の平均を下回った。また，ほとんどの場合で景品を渡すことで投票率が上がったが，最もその影響が大きかったのは刺激0のグループであった。これらのことから，刺激1は投票に行かない意向の人を投票に行くように説得する効果が大きいこと，刺激2は投票に行かない意向の人に説得効果は無い上に逆に投票率を下げてしまう効果があること，利益刺激はほとんどの場合に説得効果があること，特に政治的な情報刺激が無い場合に利益刺激の説得効果が大きいことがわかった。

　「行くと思う」と答え，かつ実際に投票に行った人について分析すると，「行くと思う」と答えた人における政治的情報刺激の違いによる投票率の差は小さく，政治的情報刺激だけでは投票率を上げる効果が無かった。そのうち，政治的情報を与えなかった刺激0の人に関しては景品を渡しても投票率は大きく上がらなかったが，刺激1または2を与えた人については景品を渡すことで投票率が上がった。よって，政治に関する情報だけでは，投票に行く意向のある人が実際に投票に行くことを補強する効果は無いが，利益刺激と重ねると補強効果があることがわかった。

表7　回答内容と投票行動の比較

	0A	0B	1A	1B	2A	2B	全体
行くと思う→行った	39%	42%	42%	53%	45%	56%	46%
行くと思う→行かなかった	61%	58%	58%	47%	55%	44%	54%
行かないと思う→行った	24%	44%	57%	48%	23%	25%	38%
行かないと思う→行かなかった	76%	56%	43%	52%	77%	75%	62%

第4節　結果のまとめ

　本研究の結果を簡潔にまとめると，政治的情報刺激に関しては，参加者が自ら政党比較表を参考に投票したい政党を選ぶ刺激1が最も効果的であり，政治的情報刺激無しの刺激0と，ボートマッチを利用した政党相性診断の刺激2を与えた場合の投票率を上回った。景品の有無については，景品有りの刺激Bが景品無しの刺激Aを上回った。

　本実験における模擬選挙で投票した参加者と，投票に行かなかった参加者の特徴を，事前調査の結果と比較することで調べると，投票した参加者においては，普段から政治に注意を払っている傾向にあることがわかった。また，今まで受けた政治に関する授業で最も印象的だったものを比較すると，投票に行った参加者は時事問題に関する内容の授業を回答した割合が多く，政治や選挙に関する授業が印象的だったと答えた参加者の割合は投票に行かなかった参加者においての方が高かった。

　さらに，事前調査において18歳になったら投票に行くと思うかどうかという質問に対しての回答と，本実験の模擬選挙に行って投票したかどうかを与えた刺激によって分析すると，18歳になっても投票に行かないと思うと答えたが，本実験の模擬選挙には足を運び投票をした参加者の割合が最も高かったのは，刺激1を与えたグループであった。このことから，刺激1は投票に行かない意向の人を投票に行くように説得する効果が高いことがわかった。

第4章　考察

　本研究の知見より，以下の3点に絞って考察する。

（1）ボートマッチ政党相性診断を与えた場合よりも，政党比較表を用いて政党を自ら選んでもらった場合の方が投票率が高かったこと

　このことから第1に，若者は投票するべき政党を提示された場合よりも，自らその判断をした場合の方が投票に行く可能性が上がるといえよう。本研究では，情報刺激を与えた次の日に模擬選挙を行ったため，与えられた情報がより強く印象に残っている場合に投票率が上がった。よって，投票するべき政党を他者から教えてもらった場合よりも，その判断を自分で行ったときの方が，その結果が記憶に強く残り，投票に行くきっかけになった。特に，政党比較表による情報提供は，投票に行

く意向が無かった人を投票に行くように説得する効果が大きかったのに対して，ボートマッチ政党相性診断は逆に投票率が下げてしまったことから，自ら政党を選んだことは，投票に行く意向が無かった人にとっても投票を促すほど印象に残っていた。また，若者が自ら政治や社会問題に対する考えを確立させることで，より強い意識を持つことができ，投票に行く意思が強くなる。ただし，本研究ではあくまでも情報刺激を与えた次の日に模擬選挙を行ったため，情報刺激の効果は短期的なものしか検討できていない。

第2に，若者は，限られた情報だけではなく，より多元的な知識を得た場合に投票に行く傾向があるといえよう。ボートマッチを利用した場合，実際に若者が得る情報としては，自分がどこの政党との相性が良いかという点に限られてしまう。しかし，政党比較表を利用した場合は，複数の分野から各政党の考えを知ることができ，より広い知識を得ることが出来る。自分が投票する政党のみでなく，その他の政党と比較することで，より自分の支持する政党への意識が強くなるとも考えられる。本研究において実施したアンケート調査の中で，自分が18歳になっても投票に行かないと思う理由を質問したとき，最も多かった回答は，知識が足りないと思うからという回答であった。そこで知識不足を理由としていた人について，与えた政治的情報刺激と投票率の関係を追加分析したところ，刺激0の投票率は32％，刺激1の投票率は58％，刺激2の投票率は35％で，刺激1が投票率を上げるのに最も効果的であった。

この結果のように，若者は自らの政治に対する知識不足や情報不足から投票に行くことを拒む傾向にあるため，より多元的な情報を与えることで投票行動を促すことができる。ただし，本研究における実験の参加者は全て同じ学校の生徒だったため，本当に情報量が投票につながったかを確認するには，他の学校でも実験を実施して確かめる必要がある。

（2）投票に行った人は時事問題に関する授業が印象に残っていた傾向にあったこと

このことから，具体的な時事問題を学び，興味を持つことは，投票行動を促す効果があるといえよう。政治の制度や仕組みを学ぶことよりも，より具体的な社会の問題や，テレビで見るような課題についてより深く知ることで，選挙の意義を感じたり，社会を改善するために投票に行こうという意識が高まったりする。また，その時事問題について自らの意見を持つことで，投票に行くきっかけができる。ただし，時事問題について学ぶことが直接投票を促すかどうかについては，本研究において実験を通して確認できていないため，今後検討する必要がある。

（3）景品を与えることで投票率を上げることができたこと

このことから，政治に関係ない情報でも，個人の利益になるものであれば投票率は上がるといえよう。本研究では，景品を与えるという形で調査したが，その景品

の内容については投票所に行くまで公開していなかったことから，景品の内容以外で投票行動を促した要因がある。そこで考えられるのは，景品を渡しますという情報の様に，その個人にとっての利益になることがわかる情報であれば，投票に行く可能性が高まるということである。

第5章　結論

　本稿では，「若者の投票率を上げるための政治教育とは」という問いに対して，普段の政治に対する興味・関心・態度や特定の情報刺激が投票行動に及ぼす効果について，模擬選挙の実施を通して実験的に明らかにしてきた。分析の結果，投票率を上げるための政治教育の条件とは，以下の3点である：
　1．時事問題に興味を持てるような授業を展開すること
　2．生徒自身が自らの考えを確立させる場を提供し，教師が授業の結論を提示しないこと
　3．限られた情報ではなく，多元的な情報を与えること

　本研究の結果より，投票に行く若者は，行かない若者に対して，時事問題に関する授業が印象に残っている傾向にあることが明らかになった。時事問題について学ぶことが投票を促すのか，時事問題にもとから興味のある生徒が同じく投票に行く傾向にあるのかについては，今後検討する必要があるが，時事問題に敏感で選挙に興味を持った生徒を育てるためには，まず学校教育の中で生徒が時事問題に触れる機会を与えることが必要である。時事問題を授業内で扱うことで，それをきっかけに学校での学習と選挙が直接関連付けられ，選挙がより身近なものになり，投票率を上げることができる。

　次に，若者は投票するべき政党をアドバイスしてもらう場合よりも，自らその判断をした時の方が投票に行く傾向がある。この発見を投票する政党に限定せず，実社会の問題や学習内容に関して広げて考えると，生徒自身が与えられた情報をもとに自らの考えを確立させたり，何らかの判断をしたりすることで，投票行動が促されるといえる。よって，教師が授業内の議論等の結論を提示してしまうことは，投票率を下げるきっかけになる。授業内でそれぞれの生徒が自らの考えを確立させ，自分の意見としてものにすることが重要だからである。

　最後に，政治に関する情報を与えるとき，限られた情報ではなく，より多元的で情報量の多いものを与えた方が投票率は上がる。本研究において，自分が投票に行かないと思うという人にその理由を答えてもらったところ，最も多かったのは自らの政治に関する知識不足であった。分析の結果，そう答えた人の投票率を上げるのには，より情報量の多い刺激が効果的であった。このことより，授業で政治を扱う際には限定された情報ではなく，より多元的で情報量の多い資料を与えることで政治に関する知識不足を解消し，投票率を上げることができる。

以上3点が本研究の結果から考える，若者の投票率を上げるための政治教育のあり方である．

第6章　今後の展望

割愛

引用文献

OECD．(2011)．*Society at a Glance 2011: OECD Social Indicators.*
Riker, W. H．(1968)．*A Theory of the Calculus of Voting.* American Political Schience Review.
Verba, S. K．(1995)．*Voice and Equality: Civic Voluntarism in American Politics.* Harvard University Press.
酒田市役所選挙管理委員会事務局．(日付不明)．義務投票制を採用している国．
佐藤令．国立国会図書館．(2008)．主要国の各種法定年齢 選挙権年齢・成人年齢引下げの経緯を中心に．
品田裕．(2015)．インタビュー．神戸大学法学部．
総務省．(2014)．衆議院議員総選挙における年代別投票率の推移．
総務省統計局．(2016)．人口推計—平成28年3月報—．
髙橋征仁．(2010)．若者の政治的無関心は本当か？—世代間断絶と社会秩序の高次化に関する考察—．
田中治彦．(2013)．18歳選挙権と市民教育の課題．日本教育学会第73回大会 市民性教育の課題．
森川友義．(2009)．若者は，選挙に行かないで，四〇〇〇万円も損してる！？ 35歳くらいまでの政治リテラシー養成講座．ディスカヴァー・トゥエンティワン．

> 卒業論文例②：文系研究（文献研究）
> 　　　　台湾における日本の植民地教育の考察
> ―日本統治下の公學校修身書（台湾）と尋常小學修身書（日本）を比較して―
> 　　　　　　　　　　　　　　　　　　　　　　4回生　片山晴太

第1章　序論

第1節　背景

1．修身について

　1872年に学制が発布されるとともに，修身の前身である修身口授が開設された。修身は1879年の教育令の発布以降，1945年に連合国軍総司令部に廃止されるまで必須科目として独特の存在を保っていた。

　初期は欧米思想に基づき，欧米で使用される教科書を翻訳した文章などが載せられていた。「此猫を見よ。寝床の上に居れり。これはよき猫にあらず。寝床の上に乗れり。汝は猫を追ひ退くるや……」これは1873年の「小学読本」巻1に収録されている文であり，外国教科書の直訳だった。1880年頃には，日本特有の徳育を目指す動きが盛んになり，仁義忠孝を説く東洋道徳，儒教を重視するようになった。1876年に文部大臣による教科書の検定制度が採用され，国民教育の基本水準を維持することが図られた〔文部省調査局，1962〕。

　本研究の対象時期である大正期から昭和期にかけて，国内では第三期（1918年から1934年まで），第四期（1934年から1942年ごろまで）とよばれる国定修身教科書が発行された。第四期のものは満州事変以降，急速に進んだ国家主義，軍国主義の影響を受けており，皇国日本の忠良な臣民を育てることを大きな目的としている。

2．日本の植民地支配について（台湾を除く）

　日本の植民地支配には地域ごとに特徴がみられる。第2節で述べるが，本研究の目的は，植民地における教育を調査することで植民地支配の地域性の考察を深めることであり，本項ではその背景として，先行研究における植民地支配の地域性の考察をまとめる。

　〔朝鮮〕日露戦争開戦後，1904年に日本は日韓議定書により韓国（1897年朝鮮は「大韓」に改称）で自由な軍事行動を確保し，第一次日韓協約により日本推薦の財政外交顧問を就任させた。1905年に桂・タフト協定，第二次日英同盟，ポーツマス条約により日本はアメリカ，イギリス，ロシアから事実上，韓国支配を認められた。その後第二次日韓協約により総督府を設置，韓国軍の解散を行った。このように，保護国化が進められ，1910年日韓併合条約より日本は朝鮮の植民地化を果たした。

　朝鮮における教育方針は忠良な国民育成を目指すことであった。朝鮮での教育は

二段階を経ている。第一段階は徹底的に韓国独自の歴史等を教えず，皇国史観を押し付ける教育である。総督府の設置以来（併合以前から，三一運動頃まで），朝鮮史について，教科書も一般歴史書も発売禁止とされた。第一次朝鮮教育令・第二条にはこうある。「教育は教育に関する勅語の旨趣に基づき忠良なる国民を育成することを本義とす。」しかし，歴史を教えないという総督府の方針は，朝鮮人の「歴史を教えよ」という反感を生んだ。当時，日本の教育に反発した伝統的な大衆教育機関である書堂は民族史教育を行い，その生徒は普通学校の学生数を超えていた。

後の三一運動ごろには，総督府は朝鮮史を読むことを禁止してきたことが，かえって猛烈な愛国史書を流布させたことが判明し，日本史に適合するような朝鮮史を教えるように方向を転換した。いずれにしろ韓国での教育では「厳しい」皇国臣民の練成が行われた。

〔南洋〕1914年12月，海軍が臨時南洋群島防備隊を編成し，ドイツ領マリアナ，パラオ，カロリン，マーシャルを占領した。その後パリ講和会議で南洋の日本による施政権が，1920年12月の国際連盟理事会で委任統治が認められた。委任統治とは国際連盟理事会の監督下での統治を指す。日本政府は委任統治という形で占領に正当性を持たせた。この頃は日本が施政，立法の全権を得ていたが，軍事拠点を築くことは認められなかった。1922年にはパラオに南洋庁を，サイパン，ヤップ，パラオ，トラック，ポナペ，ヤルートに支庁を設けた。1933年国際連盟脱退後も日本は南洋統治を続け，南洋に日中戦争期に海軍航空・艦隊基地を設け，アジア太平洋戦争では南方作戦を展開した。

委任統治のもとで南洋諸島を獲得した日本にとって，教育は委任統治条項によりその履行が委任統治国としての義務であった。南洋では教育という義務を果たしつつ日本への忠誠心を育成することが方針であった。

学校に通うべき年齢に当たる子供達全員が，南洋庁が建てた公學校に入学することを義務付けられた。授業は日本語，日本人の倫理観，日本史などで，ミクロネシアの次世代が日本をより一層身近に感じるように行われた。しかし，委任統治の精神に反してミクロネシアの子供たちは初等教育レベルまでしか許されなかった。日本人の移民は上級の学校に進学できたが，現地民の通う公學校では手工芸の技能が重視された。日本語教育は他地域に比べて時間をかけられなかったため，殆どの子供は読み書きができなかった。

3．台湾における植民地支配について

台湾での植民地化の経緯　日清戦争に勝利した日本は1895年の日清講和条約（下関条約）により清国に朝鮮の独立，遼東半島，台湾，澎湖諸島の割譲，巨額の賠償金を承諾させた。遼東半島は三国干渉で返還されたため，台湾，澎湖諸島は日本が初めて獲得した外国領土となった。その後，日本は台北を占領，総督府を設置した。

しかし，抗日運動のため植民地化が安定するまでに時間を要した。清国への復帰をめざす抗日軍が蜂起したのに対し，日本は武力による鎮圧を目指した。いわゆる乙未戦争である。その後，第四代総督児玉源太郎や後藤新平のもとで抵抗への鎮圧と，統治に従ったものへの穏健な処遇からなる招降政策がとられ1902年に全島の治安が確立された。台湾は日本にとって，さらなる植民地拡大への布石であり，基地としての役割が求められた。

皇民化教育について　日本は植民地において活発に教育活動を行った。その過程には地域差があるが，基本的には植民地人を日本国の臣民にする同化政策であり，民族の独自の文化や言語，独立を奪い，天皇を中心とする考え方を注入することで台湾人を日本人に変えようとした。これら皇民化教育は日本語の強制，国史教育などが代表的で，子供達に皇国史観を植え付けることで民族の主体性を侵犯した。

台湾における皇民化教育では，急速な同化主義を避けた漸進主義が基本方針であった。そのため，台湾は韓国より15年早く植民地となったが，朝鮮教育令と類似する台湾教育令ができるのは韓国より7年程遅い。1895年に日本の統治が開始されたのち，1896年に台湾総督府から台湾総督府直轄国語伝習所規則，国語學校規則が発布され，全土の14か所に国語伝習所が設置された。その後1898年の公學校令，公學校規則により国語伝習所は公學校に改称された。公學校は初等教育を施す学校であり，公學校における学修科目は，修身，国語，作文，読書，習字，算術，唱歌，体操であった。公學校令第一条にこうある。「子弟ニ徳教ヲ施シ実学ヲ授ケ以テ国民タルノ性格ヲ養成シ同時ニ国語ニ精通セシムル」。ここで，「日本語」ではなく「国語」とされていることが，植民地教育の特色の一つである。外国語としての日本語習得ではなく母国語に代わる言語として日本語を習得させたのだった。それは日本人としてのアイデンティティを植え付ける有効な手段であり，公學校においては，国語に関する科目が学習時間の7割以上を占めていた。また，公學校の就学率は，最終的に7割以上を超えていた（表1）。

表1　日本統治時代の普通教育就学率

年代	1904年	1909年	1914年	1920年	1925年	1930年	1935年	1940年	1944年
台湾人学童	3.80%	5.50%	9.10%	25.10%	27.20%	33.10%	41.50%	57.60%	71.30%
日本人学童	67.70%	90.90%	94.10%	98.00%	98.30%	98.80%	99.30%	99.60%	99.60%

臺灣省五十一年來統計提要（台灣省行政長官公署統計室編）1241頁より

修身は，「国民タルノ性格ヲ養成シ同時ニ国語ニ精通セシムル（公學校規則第一条）」つまり「道徳教育を含めた教育から忠良な日本国民に育て，また国語の能力を向上させる」という公學校の設置目的を達成するための重要科目であった。これは，1922年に発布された新台湾教育令の「修身ハ教育ニ關スル勅語ノ旨趣ニ基キテ兒童ノ德性ヲ涵養シ道德ノ實踐ヲ指導スルヲ以テ要旨トス」という記述からも分かる。

4．先行研究について

荘幸如は公學校修身科を通じた教育勅語の伝授について研究し，蔡錦堂は初等教育の観点から，日本人による教育を受けた台湾人の対日感情は「教育勅語」と「修身」の影響を強く受けていると指摘している。塩野谷幸子は「台湾人初等教育施設の日本語と修身教育との影響」を研究している。申育誠は修身教育の経験者にインタビューを行い，彼らが修身教育に肯定的であることを明らかにした。

第2節　目的

植民地で日本が行った政策は，現在のアジア諸国民の対日感情から我が国の外交問題まで，広く影響するものであり，我々日本人が最も検証を急ぐべき歴史分野の課題のひとつである。そこで，教育がその国の次世代を形成するものであり，植民地における教育には統治者が植民地の民衆に求める要素が凝縮されていることから，その教科書から植民地支配の特色を考察できると考えた。

日本の植民地では，地域によって様々な特徴のある教育方針が執られた。そのため，将来的には日本の全植民地の教科書を対象とした研究を通して，各地域における教育の比較や教育内容の各論を展開したい。

本研究は，教科書から植民地支配の地域性を読み解くための第一歩である。日本の植民地には地域によって様々な教育方針が立てられたが，教育について植民地同士を比較する前に，当時の日本の教育と一植民地（台湾）の教育を比較することで，比較にあたって注目すべき項目，すなわち比較の基準軸を見いだせるのではないか，そして他の地域を研究する際に比較すべき項目が明確になるのではないかと考えた。

つまり，日本の全植民地を対象とした今後の研究の大きな目的は日本の植民地の地域性を教科書から読み解くことである。そして本研究の目的は，台湾の植民地支配の特徴や他の植民地の調査の際に注目すべき点を見つけることである。

第3節　調査方法

台湾の宜蘭縣史館に所蔵されている公學校修身書第二種（全6巻）のうち，第4巻を除く5巻を閲覧できた。また日本で使用された尋常小學修身書は第二期から第四期のものを，国立国会図書館デジタルコレクションと広島大学図書館・教科書コレクション画像データベースからそれぞれ入手できた。公學校修身書と尋常小學修身書の比較では，同時期（尋常小學修身書でいう第四期）に発刊されたものを用いた。

初めに尋常小學修身書と公學校修身書の目録を比較し，一方のみで扱われている内容と両方で扱われている内容を明らかにした。次に両方で扱われている内容を比較し，また公學校修身書でのみ扱われている内容を当時の植民地支配の事情に照らし合わせて分析した。

第2章　調査結果

第1節　尋常小學修身書と公學校修身書の目錄の比較

同時期の尋常小學修身書と公學校修身書の目錄を，学年ごとにまとめた。公學校修身書の各項目の右に，それと同じエピソードやテーマを扱った尋常小學修身書の項目番号を記した。公學校修身書で扱われている項目には着色をしている。

表2　尋常小學修身書と公學校修身書の目錄の比較

	尋常小學修身書（第四期）	公學校修身書（第二種）		尋常小學修身書（第四期）	公學校修身書（第二種）
一年生用	10まで絵のみ	15まで絵のみ	二年生用	1. 二年生	1. ベンキヤウセヨ①-㉑
	1. ガッカウ	1. ガッカウ①-①		2. ジブンノコトハジブンデ	2. ジコクヲマモレ
	2. テンチョウセツ	2. コクゴヲベンキョウセヨ		3. クフウ	3. テンノウヘイカ②-㉑
	3. センセイ	3. テンノウヘイカ②-㉑		4. カラダヲキレイニ	4. ブサホウナコトヲスルナ②-⑲
	4. トモダチ	4. ノミクヒニキヲツケヨ		5. カラダヲヂャウブニ	5. キレイニセヨ②-④
	5. ケンクヮヲスルナ	5. キレイニセヨ②-④		6. カウカウ	6. カラダヲタイセツニセヨ②-⑤
	6. ゲンキヨク	6. トモダチハナカヨクセヨ①-④⑤		7. キョウダイナカヨク	7. イヤシイコトヲスルナ
	7. タベモノ			8. シンルヰ	8. ヨクバルナ
	8. シマツヲヨク	7. ウソヲイフナ①-⑭		9. ソセンヲタットヘ	9. ワルイススメニシタガフナ②-⑱
	9. イキモノ	8. アヤマチヲカクスナ①-⑬		10. トシヨリヲウヤマヘ	10. オヤヲタイセツニセヨ②-②
	10. ナツヤスミ	9. オヤノオン①-②、①-㉓		11. ナマケルナ	11. キヤウダイナカヨクセヨ②-⑥
	11. キマリヨク	10. オヤヲタイセツニセヨ①-㉒		12. シンボウヨク	12. タイワンジンジヤ
	12. モノヲダイジニ	11. キヤウダイナカヨクセヨ①-㉔、②-⑦		13. ウヂガミサマ	13. ヤクソクヲマツシメ②-㉔
	13. アヤマチヲカクスナ	12. シマツヲヨクセヨ①-⑧		14. エンソク	14. ヒロヒモノハトドケヨ
	14. ウソヲイフナ			15. キソクニシタガヘ	15. ヨクハタラケ③-⑤
	15. ヒトノモノ	13. ミナリニキヲツケヨ		16. ブサホウナコトヲスルナ	16. トシヨリニシンセツニセヨ②-⑩
	16. キンジョノ人	14. コクキ③-⑥		17. トモダチニシンセツ	17. トシヨリニシンセツニセヨ②-⑩
	17. オモヒヤリ	15. ギョウギヨクセヨ③-⑧		18. 人ノアヤマチヲユルセ	18. オンヲスレルナ③-⑩
	18. 人ニメイワクヲカケルナ	16. ガクカウノモノ③-⑧		19. ワルイススメニシタガフナ	19. コウキョウノモノヲタイセツニセヨ
	19. ワタクシノウチ	17. ヒトノモノ①-⑮		20. 人ノナンギヲスクヘ	20. ヨイコドモ②-㉗
	20. オシャウグヮツ	18. ヒトニメイワクヲカケルナ①-⑱		21. テンノウヘイカ	
	21. ベンキョウ	19. ヨイコドモ①-㉖		22. ゲンキョウ	
	22. オトウサン　オカアサン			23. チュウギ	
	23. オヤヲタイセツニ			24. ヤクソクヲマモレ	
	24. キョウダイ			25. シャウヂキ	
	25. チュウギ			26. オンヲ忘レルナ	
	26. ヨイコドモ			27. ヨイ子ドモ	
三年生用	1. 私たちの學校	1. 皇后陛下③-㉖	四年生用	1. テンノウヘイカ	1. 皇大神宮③-㉑、⑥-①
	2. 先生をうやまへ	2. ちゆうぎ②-㉓		2. 能久親王	2. わが國⑤-①
	3. 友だち	3. やくそくをまもれ②-㉔		3. 忠君愛国	3. 能久親王④-②
	4. かうかう	4. こうこう④-⑧		4. 靖国神社	4. きりつ③-⑱
	5. しごとにはげめ	5. きょうだい④-⑨		5. 志を立てよ	5. よい習慣をつくれ
	6. がくもん	6. わがままをするな		6. 職務に勉励せよ	6. れいぎ④-⑱
	7. せいとん	7. 人にめいわくをかけるな①-⑱		7. 皇室を尊べ	7. はづかしいことをするな
	8. ぎやうぎ	8. せいとん③-⑦		8. 孝行	8. 報恩③-⑩
	9. 生き物をあはれめ	9. しんせつ		9. 兄弟	9. 祖先をたつとべ②-⑨、⑥-⑤
	10. おんを忘れるな	10. ものごとにあわてるな③-⑪		10. 召使	10. 孝行⑤-㉕
	11. ものごとにあわてるな	11. むだづかいをするな③-⑲		11. 身體	11. ちゆうじつ
	12. かんにん	12. 明治神宮		12. 自立自営	12. きんけん
	13. ゆうき	13. よくはたらけ④-⑥		13. 自立自営（つづき）	13. わるいしきたりをあらためよ
	14. 正直	14. しようじき③-⑭		14. 志を堅くせよ	14. 近所の人③-㉔
	15. けんやう	15. こころをひろくもて②-⑱		15. 知識をひろめよ	15. 同情

	16. 明治節	16. じまんするな	16. 迷信をさけよ	16. 男子の心がけと女子の心がけ
	17. 国旗	17. えいせい⑤-⑥	17. 克己	17. 公益⑥-⑪
	18. きそくをまもれ	18. めいしんをさけよ④-⑯	18. 禮儀	18. ゑいせい⑤-⑥
	19. けんやく	19. 師の恩③-⑩	19. 生き物をあはれめ	19. 法規を重んぜよ⑤-③
	20. じぜん	20. 友だち③-②	20. 博愛	20. 國旗④-㉑
	21. 皇大神宮	21. じぶんのものと人のもの	21. 園旗	21. 教育勅語⑥-㉕
	22. 忠君愛国	22. 協同③-㉓	22. 祝日・大祭日	22. よい日本人④-㉗
	23. 協同	23. いきものをかわいがれ④-⑬	23. 法令を重んぜよ	
	24. 近所の人	24. はくあい④-㉚	24. 公益	
	25. こうえき	25. よい日本人④-㉗	25. 人の名譽を重んぜよ	
	26. 皇后陛下		26. 人は萬物の長	
	27. よい日本人		27. よい日本人	
五年生用	1. 我が國	1. 皇太后陛下⑤-㉑	1. 皇大神宮	1. 皇大神宮③-④、⑥-①
	2. 舉國一致	2. 忠義②-㉓	2. 國運の發展	2. 我が皇室
	3. 國法を重んぜよ	3. 孝行⑤-㉕	3. 國運の發展（つゞき）	3. 大日本帝國
	4. 公徳	4. 兄弟⑤-②	4. 國交	4. 忠孝⑥-⑤
	5. 禮儀	5. 時間を大切にせよ	5. 忠君愛國	5. 祖先と家⑥-⑦
	6. 衛生	6. 女子の心がけ	6. 忠孝	6. 男子の務と女子の務⑥-㉚
	7. 公益	7. 倹約⑤-⑨	7. 祖先と家	7. 自立自營④-⑪
	8. 勤務	8. 衛生⑤-⑥	8. 沈勇	8. 職業
	9. 倹約	9. 勤勉⑥-③	9. 進取の氣象	9. 産業の發達をはかれ
	10. 産業を興せ	10. 迷信⑤-⑰	10. 工夫	10. 良風を起こせ
	11. 進取の氣象	11. 師をうやまへ	11. 公益	11. 物事は考へてせよ
	12. 自信	12. 容儀	12. 共同	12. 良心
	13. 勉學	13. 朋友⑤-⑲	13. 慈善	13. 反省
	14. 勇氣	14. 共同⑥-⑫	14. 清廉	14. 忍耐
	15. 度量	15. 人のことを考へよ	15. 良心	15. 衛生⑤-⑥
	16. 朋友	16. 人をあいせよ	16. 憲法	16. 禮儀⑤-⑤
	17. 信義	17. 徳行⑤-㉘	17. 國民の務（其の一）	17. 報恩⑤-⑲
	18. 誠實	18. 責任を重んぜよ	18. 國民の務（其の二）	18. 遵法⑤-③
	19. 謝恩	19. 誠實⑤-⑱	19. 國民の務（其の三）	19. 教育勅語⑥-㉔
	20. 博愛	20. 納税の義務	20. 男子の務と女子の務	20. 教育勅語（つづき）⑥-㉔
	21. 皇太后陛下	21. 祝日・祭日④-㉒	21. 勤勉	21. 教育勅語（つゞき）⑥-㉔
	22. 忠君愛國	22. よい日本人⑤-㉗	22. 子ого	22. 教育勅語（つづき）
	23. 兄弟		23. 教育	
	24. 父母		24. 教育に関する勅語	
	25. 孝行		25. 教育に関する勅語（つゞき）	
	26. 徳行		26. 教育に関する勅語（つゞき）	
	27. よい日本人			

表2は修身書の目録や国定教科書編纂趣意書集成，陳淑瑩「日本植民地時代における高砂族児童の修身教育」から作成した。

　公學校修身書でのみ扱われている内容と，尋常小學修身書と公學校修身書の両方で扱われている内容が明らかになった。ここでの調査を基に以降の研究を行った。また，登場人物について陳淑瑩が調査しており，それを参考に次の表を作成した。
　最も多く登場した階層は，「皇室」の47課中18課で，全体の4割弱を占めている。
　尋常小學修身書ではイギリスのエドワード・ジェンナーやアメリカのベンジャミン・フランクリン，ジョージ・ワシントンが扱われることもあったが，公學校修身書に日本人以外の外国人は登場しない。台湾統治に当たって日本側は，異民族の日本に対する抵抗感を解消しなければ植民地支配にも影響が出ると考えていた。

階層別では，軍人の比率が武士より圧倒的に高いことが注目される。名称には時代的な差異があっても，両方とも忠君愛国の精神を強調している。しかし尋常小學修身書では軍人グループの比率が徐々に上がっている。特に，第五期では武士グループとほぼ同じ比率を占めていた。陳淑瑩の先行研究によると，これは太平洋戦争勃発の年という時代背景があったからであるが，尋常小學修身書にはこのような動機はない。これは，6人の軍人の中で3人は台湾総督，一人は台湾総督関係者であったためだ。彼らは，軍人の身分でありながら為政者でもあった［陳淑瑩，2010］。

表3　公學校修身書における登場人物の種類について

		課数	総計に対する割合
日本	皇室	18	38.3
	為政者		
	官僚・役人	1	2.1
	実業家	2	4.3
	勤労者	9 1/2	20.2
	学者	7 1/2	16
	社会教化	8	17
	武人・武士	2	4.3
	軍人	7	14.9
西洋			
東洋			
その他			
総計		47	100

表中の数字は主要人物が現れた課数を表した。主要人物が同1課において二人出現した場合には，各人物を1/2課として数えた。

第2節　尋常小學修身書と公學校修身書で共に扱われている教材の比較
1.『よい日本人』

　『よい日本人』は尋常小學修身書巻五と公學校修身書巻五の両方に載せられている。しかし大筋は同じであるものの，差異もみられる。ここでは『よい日本人』それぞれの内容や文章の量，使われている言葉などに着目して比較する。表4では『よい日本人』の全文を，筆者が内容で区切り比較したものである。

　まず文字数について，尋常小學修身書のものは627文字で公學校修身書のものは542文字であった。尋常小學修身書巻五と公學校修身書巻五は一冊でそれぞれ137頁と47頁であり，巻六は77頁と44頁である。このように公學校修身書の頁数が少ないことは他の巻でも同様である。これは，目録から分かるように項目数が少ないことと，文章が短いことによるものである。

表4 尋常小學修身書と公學校修身書における『よい日本人』の比較

	尋常小學修身書 巻五より 第二十七課 よい日本人	公學校修身書第二種 巻五より 第二十二 よい日本人
天皇	我が大日本帝國は萬世一系の天皇を戴き，御代々の天皇は我等臣民を子のやうにおいつくしみになり，	私どもは大日本帝國に生れ，天皇陛下の臣民としてありがたい御めぐみを受けてゐます。又皇后陛下・皇太后陛下も，いつも私ども臣民のことを御心におかけ下さいます。
歴史	我等臣民は數千年來，心をあはせて克く忠孝の道に盡しました。これが我が國の世界に類のないところであります。	
忠君愛国	我等臣民たる者は常に天皇陛下・皇后陛下の御高徳を仰ぎ奉り，祖先の志を繼いで，忠君愛國の道に勵まなければなりません。忠君愛國の道は君國の大事に臨んでは，擧國一致して奉公の誠を盡し，	私どもはかやうな御恩をかうむつてゐるのですから，つねに忠義をつくさなければなりません。國の大事に身命をさゝげることはいふまでもなく，
国民の務め	平時にあっては，常に大御心を奉じて各自分の業務に勤しんで，國家の進歩發達をはかることであります。我等が市町村の公民としてよく其の務を盡すのは，やはり忠君愛國の道を實行するのであります。	平時も各自の業務にはげんで，國民としての義務をつくさなければなりません。
祝日・祭日		又祝日・祭日のいはれをわきまへることも大切です。
父母，兄弟	父母には孝行を盡してその心を安んじ，兄弟は仲よくして互に助け合ひ，	父母には孝行をつくし，兄弟は中よくし，
女の務め	主婦はよく家を治め子供を教養しなければなりません。	女子はとりわけしとやかにして，家事につとめなければなりません。
師への尊敬		師を敬つてよくその教を守り，
人との交流	人に交わっては信義を重んじ，度量を大きくし，殊に朋友には交を厚くし，	朋友には交を厚くし，
身なり，共同の精神		平生容儀に氣をつけ，人と事をともにするには共同の精神がなければなりません。
恩，産業，礼儀	人から受けた恩を忘れず，世に立つては産業を興し，公益を廣め，禮儀を重んじ，衛生の心得を守り，	
楽しく暮らす		つねに人のことを考へて，お互が楽しく暮せるやうにし，
人との関係	又博く人を愛し誰にも親切にしなければなりません。	又ひろく人を愛して，出來るだけ不幸な人をすくはなければなりません。

時間			日々の時間を大切にして生活をきりつ正しくし，
まとめ	常に誠實を旨とし，進取の氣象を養ひ，自己に信頼し，勇氣を勵まし，よく忍耐し，勤勞を重んじ，儉約を守らなければなりません。又身體の健康を進め，學問に勉め，德行を修めるやうに心掛けることが大切です。		誠實をむねとし責任を重んじることが大切です。よく勤儉を守り，迷信におちいらず，衞生に氣をつけて體を丈夫にし，たえず德行を修めることにつとめなければなりません。
教育勅語との關連	是等の心得を守るのは，教育に關する勅語の御趣意にかなふわけであります。我等はこの御趣意を深く心にとめ，至誠をもつて是等の心得を實行し，あつぱれよい日本人とならなければなりません。		これらの心得はいづれも教育勅語におしめしなされてゐることですから，私どもは至誠一貫これを實行して，よい日本人にならなければなりません。

　使われている言葉や文章の違いについて，表4で「忠君愛国」と名付けた部分の比較において顕著に表れている。「忠君愛国」の部分で尋常小學修身書での「我等臣民たる者は常に天皇陛下・皇后陛下の御高徳を仰ぎ奉り」は公學校修身書で「私どもはかやうな御恩をかうむつてゐるのですから」と表現され，「祖先の志を繼いで」は除かれ，「忠君愛國の道に勵まなければなりません」は「つねに忠義をつくさなければなりません」と表現されている。「忠君愛國の道は君國の大事に臨んでは，擧國一致して奉公の誠を盡し」は「國の大事に身命をさゝげることはいふまでもなく」と書かれている。「御高徳」と「御恩」，「奉公」と「身命をさゝげること」というように単語の言い換えがされている。
　また，内容の取捨選択もされている。尋常小學修身書の教授要項では『よい日本人』について「これまで教へた各課を取纏めて復習させるのを，本課の目的とする。」と書かれている。そのため「これまで教へた各課」すなわち『よい日本人』以前の内容の違いが『よい日本人』の内容に影響を与えていると考えられる。修身書の内容の違いについての考察は以降に記述する。

2．教育勅語の要約について

　その他に公學校修身書のみに載せられているものとして，第二十二課『教育勅語（つゞき）』がある。『教育勅語（つゞき）』は教育勅語の解説の項の後にその大意をまとめたものである。

公學校修身書　第二十二課　教育勅語（つゞき）
　教育勅語の大意をまとめて申しますと，「世界無比の我が國體を永遠に保持することは，教育の根本の目的であつて，…（中略）…　又もつとも正しい道理にもかなふのであるか

> ら，共々にこれを實行しよう。」との御趣意でございます。
> 　大正天皇様も今上天皇陛下も，御即位の大禮を終へさせられますと，御沙汰をお下しになって，教育の大綱はこの聖訓によるとのことをお示しになりました。それでこの聖訓をよく守ると，明治天皇様は申すまでもなく，大正天皇様の御心にもかなひ，今上天皇陛下の聖旨にもそひ奉ることになるのでございます。
> 　皆さんは教育勅語の御趣意をよく守つて，忠良な日本國民にならなければなりません。

　教育勅語は尋常小學修身書と公學校修身書の両方で解説されているがその大意を要約したものは公學校修身書にしかなく，これも台湾人の言語習得の程度に配慮したものだと思われる。

　3．二宮尊徳（金次郎）の扱いについて
　二宮尊徳は，公學校修身書巻四で『孝行』『ちゆうじつ』『きんけん』の三記事にわたって取り上げられている。二宮尊徳は尋常小學修身書においても『かうかう』『しごとにはげめ』『がくもん』などに登場する。
　『孝行』および『かうかう』には，貧しい家に生まれた二宮尊徳の母親が暮らしに困り，尊徳の弟を親類に預けるものの，尊徳が母親に「自分が一生懸命に働くので弟を連れ戻してほしい。」と頼み，それが叶うという物語が書かれている。『ちゆうじつ』および『しごとにはげめ』には，川の改修を懸命に手伝う尊徳が，帰宅後に草鞋をつくり「私はまだ一人前の仕事ができませんのでこれは皆さんのお世話になっているお礼です。」と言い，仕事場の人々に草鞋を配った話が書かれている。これらはどちらの修身書に書かれた内容もほぼ同じである。しかし，『きんけん』と『がくもん』には大きな違いがある。

表5　『がくもん』と『きんけん』の比較

　表5は，第5章の表5-5を参照。ここでは割愛。

　このように比較すると，尊徳が荒れ地に苗を植えた後の話が大きく異なっていると分かる。尋常小學修身書では，学問に徹する尊徳が描かれ，最後は「りっぱな人になりました。」と締められている。しかし公學校修身書では，農業に従事する尊徳が描かれ，最後は「立派な農家に」なる。ここには，台湾総督府が台湾人に求めた理想が，「学問に秀でた人間」よりむしろ「勤倹な農家」であったことが分かる。
　臺灣總督府臺北高等學校の卒業生に台湾人は2割程しかおらず，臺北帝國大學の学生のうち台湾人は多い年で3割程であった［臺灣省，1947］。

4．農業に関する記述について

　公學校修身書にのみ登場する人物の一人が古橋源六郎であり，公學校修身書巻六に収録されている『産業の發達をはかれ』と『良風を起こせ』で扱われている。『産業の發達をはかれ』には，三河で改良馬を扱う産馬組合を設立した古橋源六郎が馬の値段の急落で損をしたものの，長い時間をかけて損を取り返す物語が書かれている。『良風を起こせ』は，古橋源六郎が村に農会を設け貯金を促す運動を行い，村人が借金に困らないよう規則を定めることで村の風儀がより良くなったという物語になっている。村人と協力する姿や，勤倹の重要性を説いており，台湾総督府が台湾人に求める像が映し出されている。

第3節　公學校修身書の一方でのみ扱われている教材について
紙幅の関係上（割愛）

第3章　結論

　公學校修身書が，尋常小學修身書を基にしつつ台湾における統治の事情を考慮して，編集されたことが明らかになった。その事情は大きく分けて3つに分けられる。それらは「皇民化教育の側面」，「日本語の習熟度」，「台湾人の習慣」である。

　「皇民化教育の側面」は，修身が小児期の人間形成や徳育だけでなく自らが皇国の臣民であるという認識を持たせる側面を有していたことである。天皇・皇族が最も多く登場することや，能久親王を祀る臺灣神社，始政記念日（日本による政治が始まった）を含む祝日祭日を取り上げていることから分かる。また，日本への忠誠心を植え付けるだけでなく，他国（主に欧米や中国）との関係や歴史の記述を避けていることも明らかになった。それは尋常小學修身書では登場する欧米人が一切登場しないことや『能久親王』で清人・台湾人と日本人の間で起こった乙未戦争に関わる記述が省かれていることから分かる。

　「日本語の習熟度」を考慮していることは，公學校修身書が尋常小學修身書に比べて文章の量や課の数が少なく，易しい言葉で書かれていることや教育勅語の解説の後にその要約を載せていることなどから明らかである。また，巻一の序盤には独自に『コクゴヲベンキョウセヨ』という課が設けられている。

　「台湾人の習慣」は衛生面に配慮することや時刻を守ること，拾ったものを交番に届けることといった習慣が定着していなかった事情のことである。また，女性の在り方の違いも含まれる。それらは『ジコクヲマモレ』や『ヒロヒモノハトドケヨ』という課で触れられている。女性の在り方は乃木静子を扱った『女子の心がけ』などから読み取られる。修身以外の実学的な家政教育の影響もあり，家庭での女性の役割を確立するねらいは達成されていた。

　本研究では台湾と日本の比較から，植民地の教育で注目すべき点を明らかにした。

今後の課題として，本論を他の植民地地域における植民地教育の考察にも拡張していくことと，先行研究『国定「尋常小學校修身教科書」と台湾「公学校修身教科書」比較―課名異同から見る台湾総督府の同化教育と皇民化教育―」（白柳弘幸）』の入手，および本研究との比較が挙げられる。

引用文献
文部省調査局（1962）日本の成長と教育―教育の展開と経済の発達
http://www.mext.go.jp/b_menu/hakusho/html/hpad196201/hpad196201_2_024.html
（2017/02/22閲覧）
磯田一雄（1993）近代日本と植民地4 皇民化教育と植民地の国史教科書岩波書店
榎本美由紀（2000）日本統治時期台湾の家政教育
洪秋芬（1938）臺灣日日新報 臺灣保甲和『生活改善』運動
姜華（2011）修身教科書に見る良妻賢母教育の実際とその特質
酒井亨（2006）台湾入門．日中出版
塩野谷幸子（1998）日治時期台灣初等日語教育實況
莊幸如（2004）日本統治時代における教育勅語の実施―公学校修身科の内容分析を中心に
陳淑瑩．（2010）台灣應用日語研究第七期「日本植民地時代における高砂族児童の修身教育」
臺灣省（1947）臺灣五十年來統計教育概況 表469歷年大學教育概況

資料
第四期尋常小學修身書 第一巻（1934）文部省（国立国会図書館 請求記号 特214-946）
第四期尋常小學修身書 第二巻（1934）文部省（国立国会図書館 請求記号 特203-508）
第四期尋常小學修身書 第三巻（1936）文部省（国立国会図書館 請求記号 特203-516）
尋常小學修身書 児童用 巻四（1939）文部省（広島大学図書館 請求記号 教科書文庫/4/110/31-1939/2500029824）
尋常小學修身書 児童用 巻五（1939）文部省（広島大学図書館 請求記号 教科書文庫/4/110/31-1939/2000026579）
尋常小學修身書 教師用 巻5（1938）文部省（国立国会図書館 請求番号263.5-160）
第四期尋常小學修身書 第六巻（1939）文部省（国立国会図書館 請求記号 272.1-7）
国定教科書編纂趣意書集成（1932）帝都教育研究会（国立国会図書館 請求番号 263-361）
公學校修身書 巻一（1930）臺灣總督府（宜蘭縣史館 000040091-00000）
公學校修身書 巻二（1930）臺灣總督府（宜蘭縣史館 000040092-00000）
公學校修身書 巻四（1930）臺灣總督府（宜蘭縣史館 000040093-00000）
公學校修身書 巻五（1936）臺灣總督府（宜蘭縣史館 000040094-00000）
公學校修身書 巻六（1938）臺灣總督府（宜蘭縣史館 000040095-00000）

付記
　筆者は研究がおよそ完成に近づいていた頃に，白柳弘幸（2010）『国定「尋常小學校修身教科書」と台湾「公学校修身教科書」比較―課名異同から見る台湾総督府の同化教育と皇民化教育―』という論文が発表されていたことを認識した。この論文を本論の提出までに入手できず，本論との共通点や相違点を確認できなかったが，内容の完全な一致は考えにくく，本論の一部はこの先行研究を補うものになると考え，卒業論文を提出する。先行研究が手に入り次第，本論との比較に取り組みたい。

> 卒業論文例③：理系研究（第14回高校生科学技術チャレンジ（JSEC2016）優等賞）
> 建築素材における低圧縮型木片コンクリートが与える
> 未使用木材利用の可能性
>
> 3回生　松井大岳

第1章　問題と目的

第1節　研究の背景

　近年，建築の分野の中でも特に現代の建築素材について多くの世代からの深い関心があり，その中でコンクリートという素材に注目した。コンクリートは，近代から現代にかけて建築素材として利用されてきたことから，その利便性や合理性に優れていることが理解できうる。

　しかし未来の建築でも永続的に利用し続けるべきかというと，そうではない。なぜなら，近年，最も解決を急ぐ，「環境問題」が存在を大きくしつつあるからである。「建築」は環境と深く結びついていて，環境問題というものを無視して建築することは到底できるはずがない。そのような建築物は日本が環境面において目指すべき姿に沿わず，求められない破壊の対象である負の遺産となってしまうおそれがあると考えた。

　例えば，現在日本は未使用木材がもたらす深刻な環境問題を抱えている。この問題は一見，コンクリート建築の分野とは関係はなく，木造建築の分野で考えるべき問題であると思いがちだが，そうではないのである。本研究では，この問題がコンクリート建築の分野での問題であることを示唆したい。

　また，近年，コンクリートの主な原料であるセメント価格は上昇傾向である。今後，益々高騰していくことが予想される。セメント価格が高騰していくと，公共工事が遅れ，都市や国家の予算も増大していくという問題も同時に解決することとなる。

　もし，コンクリート建築の分野で未使用木材がもたらす環境問題の解決策を得られたら，現在使われているような一般のコンクリートをこれからも使用していく必要がなくなる。しかしながら，コンクリート自体の性質は魅力的である。例えば，使用時のコストが条件により容易に変動させられる。他にもコンクリート住宅は耐震性，耐火性，遮音性，耐熱性，耐久性に優れている。

　そこで，コンクリートのこのような性質を生かしたまま，未使用木材を利用できる可能性を秘めた建築素材に，「木片コンクリート」というものがある。それには多くの種類があるが，建築用材（日本ではまだ使用不可能）の「木片コンクリート」の材料は，一般で使用されている普通のコンクリートのもの（水，セメント，砂など）に，細かい木片を足しただけで，作製方法は一般のものと同じである。その「木

片コンクリート」が建築素材として一般のコンクリートと同様の性質を保持しているのかどうか，そして日本の未使用木材の新たな用途として見出され，次世代を担う建築素材になり得るのかどうかをこの論文で結論付けたい。

第2節　先行研究の知見

これまでに調べた事項は次の2点である。

さまざまな木片コンクリート　1点目は，現在進められている木片コンクリートの研究にはさまざまな種類があること。例えばポーラスコンクリートというものがある。これはコンクリートの骨材量を極端に減らした多孔質のコンクリートであり，空隙に植物の生育や微生物の生息が可能なもの。空隙が大きいため，透水性（排水性）舗装，低騒音舗装に利用される。このコンクリートでは木チップをセメントで固めたものが骨材に使用されている[1]。

他には，日本建築学会が，まだ日本では使用が難しい「低圧縮型木片コンクリート」というものを，建築素材として研究を進めている。2012年度日本建築学会関東支部研究報告集に掲載された「未使用木材を有効利用した低圧縮型木片コンクリートの基礎物性評価」の研究がある。日本建築学会にこの研究を記した論文[10]を提出した，工学院大学建築学部建築学科の田村雅紀教授に研究の詳細を尋ねてみると同時にいくつか質問をし，本研究の参考とさせていただいた。

日本が抱える環境問題　2点目は，間伐材の問題について。間伐とは，樹木の生長に伴って混み合ってきたが主伐には至らない森林において，樹木の生育を促すために間引くための伐採[2]である。

間引かれる木は樹木相互の競争に負けた劣性木などが中心であるため，曲がりやねじれ等が原因で建築資材には向かず，廃棄されるのが一般である。しかしこれらは野焼きや焼却炉の規制より自前で処分できず，費用をかけて産業廃棄物処理業者に委託する。現在でも材木の価格は地域によっては30年以上も前の水準であり[3]，高い伐採費用をかけて間伐をしたところで得た木材は売れないので，間伐はされずに森は放置され，荒れていくのが現状である。例えば滋賀県では間伐が年間で約2,000ha実施され，約40,000m^3の木材が伐採されている。このうち材として利用できる材積は約19,000m^3と推計され，現在の間伐材の利用実績はたったの約2,000m^3で1割程度しかない[4]ことが明らかになっている。

一方，東日本大震災で発生した数多くの瓦礫木材の問題も存在する。震災による災害廃棄物は，震災によるものと水害によるものとで，その発生状況や様相が異なるとされているが，いずれも通常の廃棄物の排出量をはるかに上回る量が短時間で発生し，しかも，様々な種類のものが土砂等と混在していることから，その処理は多大な経費と労力を要することとなる。災害廃棄物は，被災地の復旧や復興のため，早期の撤去や処理が望まれるところであり，撤去等の遅れにより，被災者生活の衛

生面や生活環境への影響，さらには災害廃棄物に含まれるアスベストや有害物質の飛散などによる健康被害が懸念される[5]。

被災地域におけるがれき（災害廃棄物）処理については，この3年間で1613万トンに達し，福島県の汚染廃棄物対策地域を除けば，全体の95％まで処理が進展した。津波による堆積物も894万トンと全体の94％の処理が完了した[6]とあり，残りの5％の処理に貢献する余地があることが分かった。

第3節　先行研究から導かれること

その結果，次の3点のことを知ることができた。

1点目は，日本で普及され始めている木片コンクリートは，緑化コンクリート，ポーラスコンクリートといわれ，これらの用途は，路面の舗装や，建造物の緑化である。これら木片コンクリートが研究されるにあたって，環境問題が重要視されている。特に東日本大震災で発生した流木を含む木材や日本の未使用木材の利用に重点を置き，今日の環境問題の解決策として開発されている。しかし，これらは建築素材として優れている点が見つからず，本研究の目的には沿わなかったため，これらのコンクリートの製造目的である環境問題の考え方，どういった種類の未使用木材を利用していくことが求められているか，ということを本研究で参考にした。

2点目は，低圧縮型木片コンクリートの圧縮強度が法律で定められた基準[7]を満たし，残り耐火実験などを行い，規定を超えることができれば国土交通省の大臣認定を取得でき，実際に建築素材として普及が進むこと。

3点目は，間伐材について，これをそのまま建築材料に用いることは難しいが，木片コンクリート用の木チップとしては多大な使用余地を有していることである。一方で，「低圧縮型木片コンクリート」の強度実験，耐火性の軽い実験結果については数値として結果に出ていたが，本来木材はコンクリートよりも腐食しやすいはずであるにもかかわらず，木片コンクリートが一般のコンクリートと同様かそれ以上の腐食に対する耐久性があるのか，十分な根拠が存在しなかった。さらに，この実験で比較しているものは，木チップの大きさと種類であって，ここではそれぞれの木チップを使用した試験体のひとつを乾燥状態や吸水状態に分けてどの木チップを含むコンクリートが建築素材に適しているかを考察するものであったことから，特定の木チップの量については深く言及されていない。

第4節　本研究の目的

以上のことから，本研究では，日本で発生する間伐材や現在も残っている東日本がれきの利用を前提として，「建築素材における低圧縮型木片コンクリートが与える未使用木材利用の可能性」について明らかにすることを目的とする。

上記の田村雅紀教授の実験で，残る耐火の問題，色落ちの問題等残り少ない問題

を解決することができれば，一般の建築に使用可能な段階まで進むということであるが，それ以前に当初の課題として，木材部分が暴露により状態変化した場合（例：木が風化して細くなる等），コンクリート自身の強度がどの程度下がるか，すなわち「木片コンクリート自身の密度，圧縮強度はどの程度低下しているのか」という疑問がまだ解決されていなかったので，これを本論文の問いとした。

そこで，「建築素材における低圧縮型木片コンクリートが与える未使用木材利用の可能性」に帰着すると，未解決である「木片コンクリート自身の密度はどの程度低下しているのか」という問いに答え，木片コンクリート自身の強度が一般のコンクリートとほとんど変わらず，材料に木材を使用することが可能であるということの証明により，木材の有効利用の可能性を示す。ここでのコンクリートの「強度」は密度と圧縮強度が主であることから，これらの2つを測定していく。

仮説を，「木片コンクリートは一般のコンクリートとほとんど変わらない密度と圧縮強度の変化率を示す」とした。加えて，木片コンクリートに含有している木チップがもたらす空隙を減らすことが強度向上に結び付くのではないかという理由を併せ持つ。

第2章　実験による検討

第1節　実験概要

本研究の仮説を検証するために比較実験（実験1，実験2，実験3）をおこなう。実験概要は，以下のとおりである。

3つの実験すべての総合タイトルを「大きさの異なる木片チップを用いたコンクリートの密度，圧縮強度の比較」とし，木材（主に間伐材，東日本がれき）を有効利用することを目的とした。またこれらの実験は同一の準備物をもって一貫して行われる。準備物は速乾セメント4 kg，普通ポルトランドセメント4 kg，リサイクルチップ（小→粉状），（中→，（中cm～1.5cm程度）（これら両方とも東日本がれき含む）（図1参照），砂利，現場用サミットモールド，試料サンプル，スプーン，バケツ，軍手，はさみ，水，計量計，テープとした。この実験で作る試験体は，何も含まない「標準」のもの，リサイクルチップ（小）を含んだもの，リサイクルチップ（中）を含んだもの，の3つである。※リサイクルチップ（小）（中）（赤松材），砂利は前記で説明した田村准教授の研究で使われたものと全く同じものを使用した。

実験1～3の大きな流れは，ここではリサイクルチップの大きさだけを変えて他の，調合の割合（木片をセメントとみなす），空気の条件，放置する時間をそろえて完成した3つの試験体を合計で30日間同じ乾燥機で60度の状態の中で放置し，3日後，7日後，28日後にそれぞれの質量を量り，密度の変化を調べた。次に圧縮強度を水セメント比から求めるというものである（木チップの密度および吸水率は付録を参照）。今回の実験で使用したものはカラマツ材である。

ここで，強度について述べておく。コンクリートは，骨材同士をセメントペーストで結合したものであるのでコンクリート強度は，セメントペーストの接着力に支配される。セメントペーストの接着力は，水セメント比（W/C, 質量比）によって決められ，水セメント比が小さいほど，高濃度のセメントペーストとなり，接着力が大きくなる。よって，水セメント比が小さいほど，コンクリート強度は大きくなる。
　強度は次の5つの要因によって決まる。1．材齢：水和物であるセメントは水を吸収し続けることで強度を増し，材齢28日が強度の決定基準となる。2．温度：養生温度が高いほどコンクリート強度は大きくなる。3．湿度：コンクリート作製後，湿潤状態を保ち，水和をさせ続けることで高い強度を発現できる。4．空気量：コンクリート中の空気量が多いほど強度は低下する。5．セメントの種別：セメントの粉末度が高いほど強度が強い。大小関係は以下である。
　超早強セメント ＞ 早強セメント ＞ 普通セメント ＞ 高炉セメント ＞ 中庸熱セメント[7]
　今回使用するセメントは普通セメントに属する普通ポルトランドセメントである。

表1　国が定めている建築材料としてのコンクリートの強度基準[8]

計画共用期間の級	耐久設計基準強度（N/mm^2）
短期	18
標準	24
長期	30
超長期	36

第2節　実験1（2015/7/10〜7/13）
目的　市販の速乾セメントと木片を直接調合したときの硬化状態の検証
　木片を含んだモルタル自体が通常通り硬化するかどうか，また質量の低下をどれだけ引き起こすのかどうか目安をつけ，さらに水：セメントと，木チップ：セメントの比率を確定するために，乾燥の速い（約24時間で乾燥）市販の速乾セメントを使用して検証した。

方法
手順(1)　それぞれのバケツにセメント200mL を入れる。200mL は3種類同様。「標準」のもの（01）は，セメント200mL に対し，水50mL。木チップ（小）を含んだもの（11）は，「未使用木材を有効利用した低圧縮型木片コンクリートの基礎物性評価」の項目5，調合を参考にして推測して木チップを調合し，合計240mL に対して，水60mL を混ぜ合わせた。木チップ（中）を含んだもの（21）も同様にして，セメント＋木チップの合計240mL に対し，水60mL を混ぜ合わせた。木チップは（未使用木材を有効利用した低圧縮型木片コンクリートの基礎物性評価の実験1）[10]より当

時の量から増やすことが可能だと考え，いずれも40mLを使用した（水セメント比を55％で一定に設定したことが注目すべき点である。）すべての配合を表2に示す。

表2　配合（実験1）

	標準「01」	木チップ（小）「11」	木チップ（中）「21」
普通セメント（mL）	200	200	200
木チップ（mL）	0	40	40
水(mL)	50	60	60
水セメント比（％）	55％	55％	55％

手順(2)　それぞれをこれまでよりもよく撹拌し，サミットモールド（図2参照）に少量ずつ，空隙が発生しないように流し込んだ。

図1　木片チップ：左から「小」「中」

図2　軽量モールドSUMMIT：直径5cm，高さ10cmの円柱缶

手順(3)　48時間放置し，中身を取り出した。

結果

形がきれいで空隙も少なく，よく撹拌された良好な試験体（図3参照）の作製に成功した。

図3　実験1で作製した試験体：左から「01」「11」「21」

考察

結果より，普通セメントはそれぞれの木片との調合において，硬化不良を起こさないことが分かった。また，統一する水セメント比55％が求められた（ここで作製したのは木片コンクリートではなく，木片セメントである）。

第3節 実験2 （2015/7/15〜2015/7/18）

目的 木片コンクリートの作製および養生

実験1より得た水セメント比を用いて，使用するセメントを速乾セメントから普通ポルトランドセメント（砂は調合済み）に変更した。（セメントを変更するにあたって行った予備実験は付録参照）砂利を追加して木片コンクリートを作製し，養生した。

方法

手順(1) それぞれのバケツにセメント150mL，砂利200mLの合計350mLを入れてよく混ぜ，水140mLを少しずつ加えてよくかき混ぜサミットモールドに流し込み，「標準」の試験体（03）を作製した。次に小，中それぞれの木片をそれぞれのバケツに20mL足し，よくかき混ぜ，水140mLを少しずつ加えながらまたかき混ぜ，（13）（23）を作製した。

ここでの配合比について，水セメント比は55％で一定にした。また，一般のコンクリートのセメント：砂：砂利＝1：2：4を適用している。（使用した普通ポルトランドセメントにはすでに砂をセメント：砂＝1：2で調合済み）（表3参照）

表3 配合（実験2）

	標準「03」	木チップ（小）「13」	木チップ（中）「23」
普通セメント（mL）	150	150	150
砂利（mL）	200	200	200
木チップ（mL）	0	20	20
水（mL）	140	140	140
水セメント比（％）	55％	55％	55％

手順(2) 48時間かけて固まった試験体を取り出し，硬化状態を確認した。
手順(3) 湿度，温度をそろえ，無風状態の場所に試験体を置き，28日間養生した。

結果

硬化状態は比較的良好であった（図4）。

考察

砂利を調合したことによる硬化不良は起こさなかった。また，水セメント比の大

幅な増減はなく，適度な乾燥が実現できた．以上より，作製した「03」「13」「23」の３つの試験体を使用して，30日間の密度変化を測定することとした．

第４節　実験３ （2015/7/20～2015/8/14）

目的　木片コンクリートの強度の測定

　実験２で作製した試験体を用いて30日間，乾燥機を使用して乾燥させ続け，途中で質量を測定し，密度を求め，変化を調べた．

方法

手順（１）28日間養生した木片コンクリートの試験体の理想とする圧縮強度を，水セメント比を用いて算出[9]した．次に質量を測定した．

手順（２）設定温度60度の乾燥機に３つの試験体「02」「12」「22」をいれ，合計で30日間放置した．３日後，７日後，28日後にそれぞれの質量を求め，密度の変化を調べた．

結果

表４　３日後に測定した質量および密度（このときの材齢は28日）

３日後	標準「02」	木チップ（小）「12」	木チップ（中）「22」
質量（g）	424	346	352
密度（g/cm³）	2.163	1.765	1.796

表５　７日後，３時間おきに３回測定した質量および密度表３　配合（実験２）

７日後		標準「02」	木チップ（小）「12」	木チップ（中）「22」
質量（g）	１回目	420	338	340
	２回目	420	338	339
	３回目	420	335	339
平均		419	337.0	339.3
密度（g/cm³）		2.141	1.719	1.731

表６　28日後，３時間おきに３回測定した質量および密度

28日後		標準「02」	木チップ（小）「12」	木チップ（中）「22」
質量（g）	１回目	398	304	296
	２回目	397	305	295
	３回目	397	305	293
平均		397.3	304.6	294.7
密度（g/cm³）		2.029	1.554	1.503

（体積＝φ体積＝φ中）×H すなわち底面が直径5cm，高さが10cmの円柱の体積＝約196cm³）

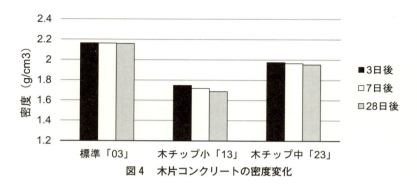

図4 木片コンクリートの密度変化

圧縮強度の算出[9]

コンクリートの圧縮強度と水セメント比との間には一定の関係があり、レディーミクストコンクリートの場合は、工場において独自にセメント水比と圧縮強度との関係式を求めて定めている場合もあるが、材料実験などにおいてこのような関係式が得られない場合はJASS5による水セメント比の算定式により定める。普通セメント（普通ポルトランドセメント）を用いる場合の算定式は、JASS5201による水セメント比の算定式に基づく。（K：セメント製造会社が毎月製造するセメント試験成績書の28日圧縮強さを参考にする。単位はN/mm^2。圧縮強度F（N/mm^2）と水セメント比x（%）を用いて以下のように求められる。）（28日後の強度はそのコンクリートの80%も強度である。）

$$\frac{F}{K} + 0.31 = \frac{51}{x} \quad \Leftrightarrow F = \left(\frac{51}{x} - 0.31\right)K$$

今回の実験で使用したセメントは住友大阪セメント株式会社の普通ポルトランドセメントであるので上記の算定式中のKにセメント試験表での値を代入して調合強度を算定した。以下に値を記す。

表6 調合強度

	3日後	7日後	28日後
圧縮強度 F（N/mm^2）	19.107	29.259	38.271

表7 実際の圧縮強度測定値

	標準「01」	木チップ（小）「11」	木チップ（中）「21」
普通セメント（mL）	200	200	200
木チップ（mL）	0	40	40
水(mL)	50	60	60
水セメント比（%）	55%	55%	55%

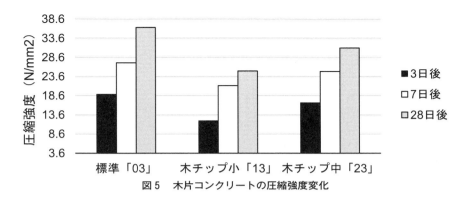

図5　木片コンクリートの圧縮強度変化

|考察|

どの試験体も，乾燥（60℃一定の状態で放置）によって密度はほぼ変化せず，圧縮強度の値の上昇の仕方が似ていた。すなわち，木チップ部分自体が木材の持つ特徴である木の風化などによる密度低下を引き起こし，極端に全体の強度を低下させることがなかったということである。

圧縮強度の値も同様に低下の仕方が近似していた（極端なグラフの概形のずれが見られなかった）ので，強度の下がり方に関するデータは信用できる値になったといえる。しかしグラフを見ると木片コンクリート自身の強度が低下していることが分かる。

また，チップ小を含むものは，吸水による乾燥によって強度が少し回復し，木チップ中を含むものよりも強度の低下が小さかったと考えられる。

しかし，理想の圧縮強度からは大幅に値がずれてしまった。この原因は主に以下の3つであると考えられる。
1．木チップの水の吸収量が大きく，水セメント比の値に影響を与えた。
2．養生の段階で十分な湿度が与えられなかったため，すべての試験体の強度が全体的に低下した。
3．使用したセメントは「普通セメント」の属するものであったが，JISS 5 が定める日本での基準強度を満たしていない種類であった。すなわち，使用したセメント自体に問題があった。

また，木片コンクリート自身の質量を標準のものと比較すると，乾燥をさせる前にそもそも50g程度の差（木片コンクリート＜標準のコンクリート）が見られたことについて，以下を原因と考察した。
・セメントを練る際，水セメント比をそろえるために，木チップを骨材とみなして木チップを増やした分，水も追加し，条件をそろえたが，サミットモールドに流し込み，3つの試験体すべての体積を一定にするとどうしても体積あたりの質量（木

チップ）＜（セメントほか，骨材）が試験体自体の質量の値に影響してしまい，木片コンクリートの質量の全体的な低下を導いてしまった。

第5節　実験のまとめ

以上の実験より，一般骨材（砂利など）と比較したときの木チップ自身の体積あたりの質量の小ささが影響したことにより，木片コンクリート自体の質量は低下してしまった。しかし「標準」のものと木片を含んだコンクリートとでは，60度の乾燥状態の持続において生じる質量また，密度，そして圧縮強度の低下の仕方が近似していたので，木片コンクリートの木材部分が際立って劣化し，質量の低下を引き起こすという予想に反した（仮定は証明された）。また，一部の結果が短期の共用期間で定められている圧縮強度基準$18N/mm^2$を越えていた。

第3章　結論

Ⅰ．木片コンクリート自体の密度はセメント部分と比較したときの同体積における木片部分の質量の小ささが影響したことにより，全体的に低下した。
Ⅱ．木片コンクリート自体の圧縮強度は水セメント比と普通セメントで用いられる公式基準の係数から求めた理想の値からは低下したが，短期共用期間で使用されるコンクリート建材になれる圧縮強度の基準$18N/mm^2$を一部で達成することができた。よって短期期間（およそ30年）での木片コンクリート利用の可能性を見出すことができた。
Ⅲ．なお，実験3で求めた密度の変化率，また，圧縮強度の変化率より，木チップが大きくなるほど，またチップの含有量が多くなるにつれ密度変化率は増加し，逆に圧縮強度の変化率が，木チップが大きくなるほど低下したことが分かったことから，木片チップ中サイズを調合した木片コンクリートのほうが小サイズの木チップをふくんだものよりも，強い強度を必要とする建築物の建築素材として用いられることに適していると分かった。
Ⅳ．以上より，特定の木チップを調合した「木片コンクリート」（低圧縮型）の強度変化率が一般のコンクリートとあまり変わらない，すなわち基準を満たした短期期間中の約30年間一般のコンクリートと同様に建築素材として扱うことができるということが示されたので，未使用木材をこの木チップとして建築素材に利用する可能性は大いにありうると結論付けた。

第4章　まとめと展望

今後の実験の展開として，まず自分がこの実験を通して知りたいことは，木チップの「量」をどこまで増やせるかということである。すなわち，一般のコンクリートと強度が変わらないような最大の木チップの量を算出することが目的であるので，

次のコンクリートを作製する。実験3の木チップ（小）の量を減らすまたは増やした木片コンクリート「13」，木チップ（中）の量を減らすまたは増やした木片コンクリート「23」である。つまり，水セメント比を一定にして，木チップセメント比を変えていく。場合によっては木チップの量を減らしたものも，増やしたものも作製する。

引用文献
(1) 一般社団法人日本道路建設業協会　ポーラスコンクリート舗装
　　http://www.dohkenkyo.net/pavement/（2015/5/6閲覧）
(2) 全国森林組合連合会　間伐ホームページ
　　http://www.zenmori.org/（2015/5/10閲覧）
(3) フロンティアジャパン株式会社　間伐材とは
　　http://www.eco-pro.ne.jp/banner/kanbatsu/index.html（2015/5/12閲覧）
(4) 間伐材利用の取り組みについて
　　http://www.pref.osaka.lg.jp/attach/5078/00098548/2-2-6-2.pdf（2015/6/5閲覧）
(5) 立法と調査 2011.5 No.316（参議院事務局企画調整室編集・発行）
(6) nippon.com 東日本大震災から3年──復興の現状
　　http://www.nippon.com/ja/features/h00049/（2015/5/10閲覧）
(7) 白鳥生コン株式会社　コンクリートの強度
　　http://mizushima-cg.com/shiratori/strengthoutline_0003.pdf（2015/7/15閲覧）
(8) （財）建築試験センター　建築試験情報 JASS 5 の改定について
　　http://www.jtccm.or.jp/library/jtccm/public/mokuji09/kikansi/0905_kikou.pdf（2015/7/13閲覧）
(9) 東京大学大学院工学系　コンクリートの調合設計
　　http://bme.t.u-tokyo.ac.jp/class_info/2010/ensyu/pdf/text_02_02.pdf（2015/6/25閲覧）
(10) 建築物の数：統計局ホームページ　第18章
　　http://www.stat.go.jp/data/nihon/18.htm（2015/8/14閲覧）
(11) JISS 圧縮強度試験
　　http://www.kikakurui.com/a 1 /A1108-2006-01.html（2015/7/16閲覧）
(12) 1027 未利用木材を有効利用した低圧縮型木片コンクリートの基礎物性評価（材料・施工）
　　http://ci.nii.ac.jp/naid/110009769702

> 卒業論文例④：理系研究
> 浴槽にお湯をはらない期間が追い炊き配管内の菌の増加量に及ぼす影響
> ―より衛生的にお風呂に入るためには―
>
> 5回生　數井千晴

第1章　はじめに

　日本人はお風呂が好きだ，というイメージが強いが，最近お風呂に入るとき，湯船につからず，シャワーだけで済ませるシャワー派の人が増加しているということを耳にする。
　2016年2月26日（「ピースなふろの日」）にお風呂の良さを伝え，お風呂好きを増やすことを目的として「おふろ部」が神戸女子大学の学生を中心に，神戸市水道局と給湯器メーカーのノーリツとタッグを組んで発足された。現在はお風呂にまつわる記事インターネット上で配信している。このように入浴を促進させようという動きは様々ある。
　長時間湯船に水を張らずに放置することで浴槽の追い炊き配管内に菌が増殖することが知られている。しかし，お湯を張らずに置いておくといっても，その期間や菌の量の違いは明確でなかったため，湯船につかることに関して現在の状況を詳しく調査し，明らかにした上でより衛生的に湯船につかることのできる方法を提案する。

第2章　背景

　第1節　DIMSDRIVE「バスタイムに関するアンケート」の結果の紹介
　第2節　株式会社バルク「お風呂に関する調査」の紹介
　第3節　神戸市水道局による「お客様満足度調査」の紹介
　割愛（各調査を引用し，結果を総合的に分析して，「シャワーなどで十分だから」といった理由で湯船に入らない人が多いことをまとめている）

第3章　先行研究

第1節　身体に与える影響

　浴槽の追い炊き配管が不衛生であることが身体に与える影響の例として，レジオネラ症があげられる。レジオネラ症は，レジオネラ菌による感染症である。
　レジオネラ菌は，土壌，河川，湖沼といった自然の中はもちろん，エアコン，循環式のお風呂，加湿器，噴水などにも幅広く住みついている。したがって，このような施設で衛生管理がしっかりされていないと，増殖して問題を起こす。健康な人は少しくらいレジオネラ菌が入りこんでも問題ないが，幼児，高齢者など抵抗力の

弱い人の場合は，ちょっとした水滴についているレジオネラ菌で感染するため危険である（北元憲利，2016，p.181；株式会社ネイチャー＆サイエンス，2016，p.63（引用文献8，9））。

　レジオネラ菌は，人の体を守る免疫細胞の中でも生きながらえて増殖することができる。普通の細菌は，人の体に入ると異物として認識されて免疫細胞に取り込まれ，消化死滅する。ところが，レジオネラは免疫細胞に食べられても死滅せず，それだけでなく，これらの細胞の中で増え，最終的に免疫細胞を殺して細胞の外へ飛び出していく。そのため，温泉水などを消毒しても完全にレジオネラを死滅させることはできず危険である（日本防菌防黴学会，2015（引用文献10））。

第2節　カビや細菌が好む環境

　カビや細菌は汚い場所，水気の多い所，日のあたらない場所を好んで棲んでいる。カビや細菌は敏速に動くことが出来ないため，栄養や水を求めて遠くまで移動することは出来ない。清潔で乾燥した環境では栄養や水を十分に獲得できず，生育できない。他にも必要な条件がある。カビや細菌は体内（細胞内）の環境を自由にコントロールできないため外部の環境がとても重要になる。適切な「温度」や「pH」はとくに重要であり，どちらの因子も普通のカビや細菌では高すぎず，低すぎない適度な度合いが最適である。また酸素や窒素など，決まった種類の物質なしでは生活出来ないものも存在する（日本防菌防黴学会，2015（引用文献10））。

表1　カビや菌の育成や増殖に適した環境

栄養	ほとんどの有機物や無機塩が栄養になる。一般に水に溶けるものを好む。ただし，これらも高濃度になると，生育が妨げられることもある（食塩や糖類など）。
水	一般的なカビは相対湿度80%以上，細菌は相対湿度90%が必須条件。乾燥状態を好む一部のカビ（好乾性カビ）や細菌（耐浸透圧性酵母）でも相対湿度65%程度は必要。
温度	一般的なカビや細菌は0～40℃で生育する。最適条件は，カビで25～28℃，酵母で27～30℃，細菌で36～38℃。ただし，80℃以上でも生育する好熱性細菌も見つかっている。
pH	一般的なカビや酵母はpH2～8.5で生育可能（最適はpH4～6），細菌はpH5～9で生育可能（最適はpH6～8）。酸性やアルカリ性環境を好む細菌もいる。
酸素	カビの生育には酸素が必須。酵母や細菌には酸素を必要としないものや，酸素があると逆に育成できないものもある。

データの出典）　日本防菌防黴学会（2015）『菌・カビを知る・防ぐ60の知恵』p.9

第4章　本研究の目的

　本研究では，第2章の先行知見を踏まえて，シャワー派が近年増加しているという前提のもと，お湯を張らない期間によって菌の量は増えるのか，毎日湯船にお湯

を張らない人がより衛生的に湯船に浸かるにはどうすればいいのか，ということを調査した。実験は，追いだき配管から排出されたお湯を採取し，培養したコロニーの数を数えることによって期間ごとのコロニーの個数を出すという方法で行った。その際，「衛生的」かどうかの判断は繁殖したコロニーの数によって判定した。ただし今回はある一定の基準値を提示し，その数値を上回るかで「衛生的」かを判断するのではなく，設定した期間ごとにコロニーの増加量を比較することによって，より「衛生的」であると判断することとする。

第5章　第1回目実験

実験日時　2017年8月16日（水）～9月3日（日）

第1節　実験方法
Ⅰ　寒天培地の製造方法

準備物　寒天末，トリプシン，塩化ナトリウム（NaCl），純水，オートクレーブ，ビーカー，ガスバーナー，マッチ，薬さじ3本，薬包紙，電子天秤，三角フラスコ，ガラス棒，アルミホイル，エタノール，滅菌シャーレ，マスキングテープ

1．純水0.5Lに対して，寒天末 7.5g，トリプシン 5g，塩化ナトリウム（NaCl）1.5gをそれぞれ薬包紙に敷いて，電子天秤で計量し三角フラスコに入れ，純水を加えてガラス棒でかき混ぜた（注：この実験では簡易な培地を用いた）。
2．三角フラスコの頭頂部をアルミホイルで包んで，121℃，15分，2気圧に設定したオートクレーブにかけた。
3．分注に使用する机の上をエタノールで殺菌しガスバーナーをつけて上昇気流を起こし菌がシャーレに落ちてこないようにしながら，標準寒天培地の入った三角フラスコを机の上で混ぜてから，滅菌シャーレに分注した。（このとき，なるべくガスバーナーの近くで行った。）
4．湯気の水分での菌の発生を防ぐために，湯気が出なくなるまでふたを開けた状態で乾かしてから，シャーレのふたとシャーレを火に近づけて軽くあぶり，浮かせた状態でふたを上に向けふたをし，冷蔵庫で保存した。

Ⅱ　追い炊き水と給水蛇口水の採取，コロニーの培養

準備物　ポリビーカー（300ml），ポリ細口瓶2本，コンラージ棒1本，シリンジ（1ml）2本，ライター，消毒用エタノール，雑巾，ネームペン，付箋，電子温度計，インキュベーター（エアジャケット方式），スポンジ，浴槽洗剤

1．浴槽にお湯を張る前に浴槽洗剤をスポンジにつけて浴槽の中を洗った。
2．浴槽にお湯を張り（湯温度46℃，浴槽温度42℃），乾燥機をつけた状態にした。
3．普段通り浴槽につかり，浴槽にお湯を張ってから12時間経過した後浴槽の栓を

抜いた。
4．浴槽にふたを閉めた状態で放置した。（0時間，24時間（1日），72時間（3日），168時間（7日）の4パターン）
5．浴槽からお湯を抜きそれぞれの時間が経過した後，追い炊きボタンを押し吸水口から出た最初の水をポリビーカーで採取し，ポリ細口瓶に入れ替えた。
6．給水蛇口から水をポリ細口瓶に採取した。
7．コンラージ棒の先に消毒用エタノールを吹きかけ，ライターの火でエタノールを蒸発させ滅菌した。
8．追い炊き水，給水蛇口水をそれぞれ1mlのシリンジで採り，Ⅰの手順で作った寒天培地に0.5ml流し6．で滅菌したコンラージ棒で薄く均等に塗り広げる。（毎回6．の滅菌する作業を行ったコンラージ棒を使用）
9．追い炊き水はシャーレ3個分，給水蛇口水はシャーレ2個分6．7．の作業を行い，日にち，時間，種類を記した付箋をそれぞれのシャーレに貼り付けた。
10．ラベルのついた計5個のシャーレをインキュベーターの中に入れ，36.0℃前後に設定し，24時間培養を行った。
11．24時間後に5個のシャーレをインキュベーターから取り出し，写真を撮った。
12．撮影した写真からコロニーの数を目視で数え上げた。目視で数え上げられなかったものは8分割（参照：図1）または16分割したもののコロニーの数を調べ，シャーレ一枚あたりのおよその数を求めた。

Ⅲ　設定内容

お湯はり開始時刻は19時（湯温度45℃，浴槽温度42℃），お湯はり完了時刻は19時20分。浴槽からの排水時刻はお湯を張った日の翌日7時（0時間おく場合のみ翌朝6時50分）。採取時刻は7時，培養実験の開始時刻は同日8時，結果観察時刻は培養実験日の翌日8時。

浴槽にお湯を張らない日は毎回21時〜24時の間に一人およそ20分間シャワーを使用した。20分×5人，計100分の間は浴室内の湿度はほぼ100％であった。8月16日（水）〜9月3日（日）の間，浴室内では継続的に乾燥機をかけていた。

撮影した画像からコロニーの数を数え上げる際，コロニーの縁のみができており，内部までまだ成長しなかった「できかけのコロニー」が観察された場合と，8分割または16分割した際にちょうどコロニーと境界線が被ってしまった場合は，どちらもそのコロニーの数を0.5個として数え上げることとした。

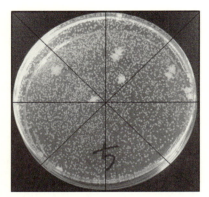

図1　撮影したの写真の分割例（実験中筆者が撮影，分割）

第2節　実験結果

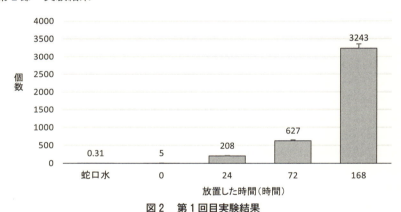

図2　第1回目実験結果

　第1回目実験の結果から，お湯を張らずに置いている期間が長ければ長いほどシャーレ内に増殖したコロニーの数は多かった。給水蛇口水からは全体を平均して0.31個のコロニーが観察された。24時間と72時間のコロニーの個数の差は419個であったが，72時間と168時間でのコロニーの個数の差は2616個であった。この実験データの標準偏差（図2のエラーバー）の値は小さかったためこの実験データは有効であるといえる。

第6章　第2回目実験

　実験日時　2017年11月28日(火)〜12月13日(水)
　第1回目の実験の結果よりシャーレに増殖した菌の数がとても多く，カウントす

ることが困難だったため第2回目の実験から次のような手順で実験を行った（Ⅱ 1．～6．は変更点なし）また，より滅菌した状態で行うため，寒天培地製造の際にクリーンベンチを使用し，より厳密な環境で寒天培地の製造を行った。

第1節　実験方法
Ⅰ　寒天培地の製造方法
準備物は，第1回目実験と同じものに加えて，クリーンベンチを追加した。
1．～2．は，第1回目実験と同じ。
3．クリーンベンチを設置し，ファンのコンセント，本体のコンセントを挿した。
4．クリーンベンチの中をアルコール殺菌した。
5．ファンをONにし，「殺菌灯」をつけ，10分間殺菌した。殺菌灯は紫外線ランプであるため直接見ないように注意した。
6．ファンはつけたまま，殺菌灯を消し，「蛍光灯」をつけた。殺菌灯をつけたまま作業してしまうと，紫外線によって目の角膜にダメージを受けたり，手にやけど（日焼けのひどいもの）を負ってしまい，ひどいと失明や皮膚ガンになるため，操作するときは必ず消した。
7．手をアルコール消毒する。クリーンベンチの中に入る所は全て消毒した。
8．培地など，殺菌時に入れていなかったものを使うときは，アルコールで軽く拭いてから中に入れた。
9．クリーンベンチの中で滅菌シャーレに分注した。滅菌シャーレはふたがついたままクリーンベンチの中に置いておき，1枚ごとにふたを開けるようにした。
10．分注し終わったシャーレをクリーンベンチの外に出し，冷蔵庫の中で保存した。
11．操作が終わったら，使ったものを全て外に出し，ビーカーなどを洗浄した。この時に，クリーンベンチ内に何かこぼしたものがある場合拭いた。

Ⅱ　追い炊き水と給水蛇口水の採取，コロニーの培養
1．～7．は，第1回目実験と同じ。
8．給水蛇口水は0.5ml，追い炊き水は0.05mlをマイクロピペットを使って，Ⅰの手順で作った寒天培地に0.5ml，0.05mlそれぞれを流し，滅菌したコンラージ棒で薄く全体的に広げた。
9．追い炊き水はシャーレ3個分，給水蛇口水はシャーレ2個分6．7．の作業を行い，日にち，時間，種類を記した付箋をそれぞれのシャーレに貼り付けた。
10．ラベルをつけたシャーレの周りをマスキングテープで巻いてシャーレのふたとシャーレをとめて密閉させた。
11．ラベルのついた計5個のシャーレをインキュベーターの中に入れ，36.0℃前後に設定し，24時間培養を行った。

12. 24時間後に5個のシャーレをインキュベーターから取り出し，写真を撮った。
13. 撮影した写真からコロニーの数を目視で数え上げた。目視で数え上げられなかったものは8分割（参照：図1）または16分割したもののコロニーの数を調べ，シャーレ一枚あたりのおよその数を求めた。

Ⅲ　設定内容
第1回目の実験と同じであった。

第2節　実験結果

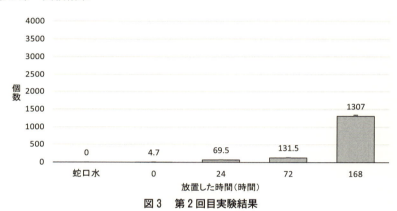

図3　第2回目実験結果

　第2回目の実験結果から，お湯を張らずに置いている時間が長いほどシャーレ内で増加したコロニーの数は多かった。給水蛇口水は4つのパターン全てのシャーレにおいて，コロニーはひとつも現れなかった。24時間と72時間のコロニーの個数の差は62個であったが，72時間と168時間のコロニーの個数の差は1175.7個であった。この実験データの標準偏差（図3のエラーバー）の値が小さかったためこの実験データは有効であるといえる。

第7章　第3回目実験

　実験日時　2017年4月18日（水）〜5月8日（火）
　第1回目，第2回目の実験を踏まえて，第3回目ではクリーンベンチを使用して寒天培地製造を行った。実験2で給水蛇口水からはコロニーが1つも検出されなかったが，追い炊き水と給水蛇口水の条件をそろえるために，共に0.05mlに設定して行った。（Ⅱ　8．のみ変更）

第1節 実験方法
Ⅰ 寒天培地の製造方法
第2回目実験と同じであった。

Ⅱ 追い炊き水と給水蛇口水の採取,コロニーの培養
第2回目実験と同じであるが,8.のみ以下の通りで異なっていた。
8．給水蛇口水,追い炊き水共に0.05mlをマイクロピペットを使って,Ⅰの手順で作った寒天培地に0.05mlそれぞれのシャーレに流し,滅菌したコンラージ棒で薄く全体的に広げた。

Ⅲ 設定内容
第2回目実験と同じであった。

第2節 実験結果

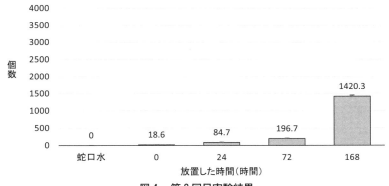

図4 第3回目実験結果

第3回目の実験結果から,蛇口水からコロニーは発見されず,放置した時間が長いほど増殖したコロニーの量が多かった。第1回目と第2回目の結果よりも0時間放置したときのコロニー増殖量が多く,全体的にも第2回目の結果より個数が多いことが明らかになった。

第8章 考察

第1回目の実験結果では給水蛇口水から平均して0.31個のコロニーが観察された。しかし,第2回目と第3回目の実験では給水蛇口水からコロニーはひとつも観察されなかった。もともと,給水蛇口水は追い炊き配管から出てきたお湯との比較対象であり,浴槽にお湯を張らない時であっても毎日シャワーは使っていた。よって第

1回目，第2回目，第3回目の実験でシャーレ8枚分（0時間，24時間，72時間，168時間それぞれ2枚ずつ）×3回分合計シャーレ24枚分の給水蛇口水はほぼ同じであるといえる。また第1回目，第2回目，第3回目の結果を合わせて考えたとき，コロニーが発生したシャーレは3/24枚であり，3枚の培地すべてに発生したコロニーは1個未満であったため，第1回目の実験結果で給水蛇口水から平均して0.31個のコロニーが観察されたのは採取した給水蛇口水を寒天培地に薄く広げる作業をした際に細菌が混入してしまったと推測できる。

　第1回目，第2回目，第3回目の実験結果より浴槽にお湯を張らない期間が長ければ長いほどシャーレ内に発生したコロニーの数が多かったため，浴槽にお湯を張らない期間が長ければ長いほど追い炊き配管内で菌が増殖していたということが考えられる。ただし設定した時間と発生したコロニーの数の明確な比例関係は現れなかった。

　第1回目を受けて，寒天培地に流し入れる追い炊き水を1/10倍の量に改善した。その際，0.5mlから0.05mlに変更したため，それに伴ってシャーレ内に発生するコロニーの数も第1回目から2回目にかけて1/10倍に減ると予想された。だが，実際観察されたコロニーの数は第1回目の実験結果と第2回目の実験結果とで，10倍，1/10倍の関係にはならなかった。また第3回目の実験結果は第2回目よりも全体的にコロニーの数は多かったが，4つの期間での数値の移り変わりは第1回目より第2回目の実験と似た結果が得られた。

　第1回目の実験結果と第2回，第3回目の実験結果を分析し，10倍，1/10倍の個数関係が現れなかった原因として考えられる点は以下の3つである。

　1つ目は，第1回目は8月から9月にかけて実験を行い，第2回目は11月から12月，第3回目は4月から5月にかけて行ったものである。時期の違いが温度や湿度に違いにつながったのではないか，ということである。

　2つ目は，第1回目の実験の際に小さいコロニーが細かく，広く分布していたため撮影した画像を8分割，または16分割しコロニーの数を数え，その個数を分割した数倍（8倍または16倍）しシャーレ1枚分のコロニーの数を導き出したが，分割したものを数えた際に少し個数のずれが出てしまい，分割した数倍することによって，わずかなずれが大きなずれとして数値としてでてしまったのではないか，ということである。

　3つ目は，第1回目の実験を受けて第2回，第3回目の実験で変更した手順がいくつか（例えば，シャーレを密閉させる，クリーンベンチの使用など）ある。この変化がコロニーの数を増加させたのか，減少させたのかどちらかは断言できないが，この手順の違いが数値のずれを生み出したのではないか，ということである。

第9章 提案・今後の展望

第1節 提案

以上をふまえて現段階でより衛生的にお風呂にはいるための方法は以下の2つである。

Ⅰ シャワーの管を直接浴槽に入れる。
実験と考察より，毎日シャワーを使っているとするならば給水蛇口水からはほとんど細菌は繁殖しないといえるから。

Ⅱ 少量でもいいから毎日追い炊き機能を使ってお湯を流す。
追い炊き機能を使ってお湯を流し，追い炊き配管にたまっているお湯，水を入れ替える事が必要であるから。水を入れ替える目的であるため，流す水は少量で良い。

第2節 今後の展望

今回の実験では，発生したコロニーが何の種類の細菌であるか特定することが不可能であったため具体的に身体に及ぼす影響について考察することが出来なかったので，不衛生な湯船につかることによって身体に及ぼす悪影響について深く知りたい。

今回の研究では，観察されたコロニーの数が多ければ多いほどより不衛生であり，少なければ少ないほどより衛生であると定義して実験，考察を行ったため，厳密に「衛生的であるということはどういうことなのか」を考えていきたい。また，マンションや一戸建てなどの建築形態によって給水配管の構造は異なり，電気製品の発展に伴いこれまでにない最新の給湯器も普及している。今回は自宅の浴槽1つで実験を行ったが，様々な追い炊き配管の構造や給水管の仕組みからも，より衛生的に入浴することの出来る方法を明らかにしたい。そして，より多くの人に衛生的な湯船につかって入浴を楽しんでいただきたい。

第10章 付録

第1節 参考

Ⅰ 追い炊き，追い炊き配管の仕組み
Ⅱ 東京都23区における入浴中の死亡者数の推移

第2節 実験結果詳細

割愛

引用文献
1. 株式会社 DIMSDRIVE,「ネットリサーチ DIMSDRIVE(ディムスドライブ)について」
   http://www.dims.ne.jp/first/ (2018年1月24日アクセス)
2. 株式会社 DIMSDRIVE,「『バスタイム』に関する調査」
   http://www.dims.ne.jp/timelyresearch/2006/061116/ (2018年1月24日アクセス)
3. 株式会社バルク「ネットリサーチバルクの特徴」
   https://www.vlcank.com/mr/about/ (2018年1月24日アクセス)
4. 株式会社バルク「お風呂に関する調査」
   https://www.vlcank.com/mr/report/072/ (2018年1月24日アクセス)
5. 神戸市水道局, 2015, 私信,「平成27年度『お客様満足度調査』結果概要」
6. 神戸市水道局, 2015, 私信,「ライフスタイルと水道水の使用状況」
7. 神戸市水道局, 2015, 私信,「平成27年度『お客様満足度調査』追加クロス集計表」
8. 北元憲利, 2016,「休み時間の微生物学 第2版」
9. 株式会社ネイチャー&サイエンス, 2016,「見ながら学習 調べてなっとく ずかん 細菌」
10. 日本防黴防菌学会, 2015,「菌・カビを知る・防ぐ60の知恵」
11. Panasonic 住まいの設備と建材「追いだきのしくみ」
    sumai.panasonic.jp/denon/ 1 mech/ 1 _2.html (2018年6月10日アクセス)
12. 株式会社ジョンソン,「追い炊き配管の特徴と汚れの違い」
    http://www.johnson.co.jp/life/souji_jyutsu/bathroom_02.html (2018年1月24日アクセス)
13. 東京都福祉保健局 東京都観察医務院「東京都23区における入浴中の死亡者数の推移」
    http://www.fukushihoken.metro.tokyo.jp/kansatsu/oshirase/nyuyokuchu.files/29nenrei-shiin.pdf
    (2018年1月25日アクセス)

ポスター例①：文系研究（実証的研究）

経済地理学的視点からみた持続可能な鉄道のあり方
－第三セクター鉄道の出資比率別考察－

神戸大学附属中等教育学校　5年3組21番　廣川正太郎（4回生）

キーワード；持続可能な社会　地方鉄道　経済地理学

問：地方鉄道が次々に廃止される昨今、持続可能な鉄道のあり方とは何だろう？

研究手法
「第三セクター鉄道の出資比率」を用いた、経済地理的視点からの考察
→「経済的持続可能性」について議論

調査方法
① GISを用いた沿線自治体の人口密度、人口増減との関係性の調査
② 第三セクター鉄道の出資比率と基本データの相関の分析
③ 特徴的な出資比率を有する鉄道会社に対するアンケート調査

調査結果
① GISマップ
　ⅰ）人口密度データとの重ね合わせ　　　ⅱ）人口増減データとの重ね合わせ

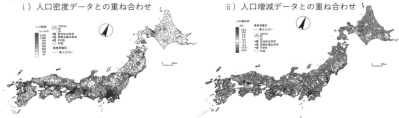

①より…第三セクター鉄道の出資比率には地域差がある

② 出資比率と基本データの相関
　ⅰ）総延長距離　ⅱ）損益　ⅲ）旅客人キロ

③ アンケート調査
自治体主導型
→・沿線自治体と密接に結びつく
　・沿線の観光を活性化させる働き
　　しなの鉄道の例：
　　　観光列車「ろくもん」の運転
　　　駅に観光協会・案内所／地域交流施設の設置

民間企業主導型
→・比較的小規模な経営
　・鉄道・自治体・市民間で一貫性がない（←小規模な輸送力）

考察
②③より…
自治体からの出資に単に依存 →持続可能
→自治体の負担を減らすことが必要

→ **持続可能な鉄道に必要なこと**
「第三セクター鉄道と自治体が互いに寄与し、共存できるシステムがあること」
鉄道が寄与できること
① 観光資源の発掘・創出（例：観光列車の運行）
② 介護福祉・行政サービスへの貢献（例：IGR地域医療ライン）

主な参考文献
青木栄一　2006『日本の民鉄と地方社会』　古今書院　青木栄一　2006『鉄道忌避伝説の謎 - 汽車が来た町、来なかった町 - 』吉川弘文館
青木栄一　2008『鉄道の地理学 - 鉄道の成り立ちがわかる事典 - 』WAVE出版
青木栄一・老川慶喜・野田正穂1992『民鉄経営の歴史と文化　東日本編』古今書院　市川宏雄　2015『人口減少時代の鉄道論』洋泉社
宇田正・浅香勝輔・武知京三1995『民鉄経営の歴史と文化　西日本編』古今書院

ポスター例②:文系研究(文献研究)

神戸米騒動と新聞報道
—社会運動史とマスメディアの関係の一考察—

神戸大学附属中等教育学校 6年4組21番 丸山ふみ（4回生）
keyword: 神戸、社会運動史

問:神戸米騒動と新聞の関係はいかなるものであったか？
→新聞が米騒動を煽り、米騒動後新聞社の団結、新聞の普及につながった。

Q.神戸新聞社のみが焼き討ちされた原因は何だったか。

⬇

米価騰貴を受けての企画の違い

◆ 神戸新聞

・川崎・松方資本の代弁紙

・『白米は何程になるか』
 →白米の値上がり予想（景品も用意）
  米価騰貴をあおる企画

・白米廉売募金の募集を行うも、募金は一口が高額、富豪向けの募金
 『特に富豪の賛同を求むる次第である』

◆ 神戸又新日報

・県の廉売基金の窓口となる。
 募金額の制限なし

神戸新聞は富裕層の立場の新聞だという意識があった。富豪層が中産階級以下の市民のために募金をするという体裁をとっていた。
神戸新聞社の値上がり予想企画が米価高騰に苦しむ市民の怒りを買った。

Q.米騒動後の記事差止令はどのように新聞社に影響を与えたか。

⬇

『言論擁護内閣弾劾』

◆ 記者大会の開催

・関西新聞社通信社大会では
 200人が参加

・内閣弾劾の呼びかけ
 『政府の罪なり』
 →寺内内閣総辞職

◆ 新聞、雑誌の増加

米騒動が起こった大正7年から8年にかけて新聞の数が大幅に増加

	東京			大阪			兵庫			全国		
大正3年	95		1118	33		227	14		109	508		3086
大正5年	84	−11	1123	5	33	0	246	21	16	2	116	7	504	−4	3018	−40
大正7年	91	7	1172	50	33	0	294	46	15	−1	131	15	493	−11	3123	105
大正8年	110	19	1016	−157	129	96	421	127	22	7	142	11	602	109	3423	300
大正9年	121	11	1055	39	40	−89	350	−71	21	−1	160	18	623	21	3532	109
大正11年	131	10	589	−466	46	6	447	97	29	8	202	42	690	67	3870	338

有保証金、日刊:新聞
合計:新聞および雑誌

⬇

各地の新聞社が集まり新聞社大会を開催。言論の自由と内閣の辞職を求めるなど、新聞社が団結したことで、新聞が内閣の存在を揺るがしかねないものであることが確認された。翌年にかけて、新聞の数が大幅増加し新聞の普及につながった。
労働組合においても「智的革命」が避けれるようになった。

ポスター例③：理系研究

閉鎖環境下でのミドリムシの長期飼育
－ 地球共生循環のモデルを目指して －

神戸大学附属中等教育学校　6年1組22番　中村翠（4回生）

キーワード：グローバルサイエンス、持続可能な社会、共生循環、ミドリムシ（*euglena gracils*）

研究の概要

- 地球環境問題の原因の一つ
  → 生物の共生による物質の循環の崩壊

共生循環を考えるモデル例

 ⇔ ⇔
地球　　先行研究　マイクロコズム　本研究　ミドリムシ

- ミドリムシの体内
  - **小さな共生循環の実験モデルになりうるのではないか**

* 閉鎖環境でミネラルや養分、ビタミン等の初期環境を設定
* 時間経過と共にミドリムシの増殖や活動、葉緑体の変化について観察し、環境問題の基礎的な知見を探求した

一般的な微生物の増殖は、ある一定数まで増殖した後（定常期）、やがて死滅期に至る。
循環の仕組みが考えられるミドリムシの閉鎖環境での増殖はどのようになるか実験した。

a:遅延期(誘導期) b:対数期(増殖期)
c:定常期 d:死滅期

→ 一般的な増殖とは異なり、初期環境により増殖曲線が異なることが観察された

材料と方法

培養液の初期条件

① 基本型	=	ミネラルウォータ「ボルビック」に液体混合肥料「ハイポネックス」0.01%
② 基本型	＋	観賞魚用「セラフィッシュタミンビタミン」100mlに1滴くわえたもの
③ 基本型	＋	ビール酵母製剤「エビオス」100mlに0.05g添加

3種類の培養液に2種類の*euglena gracilis* Z株ミドリムシをそれぞれ5.0×10⁴匹加え、パラフィルムMで密閉し飼育。

外部からの光と熱を均一にするための飼育装置を作成

ミドリムシの飼育装置（左：外観、右：内部）
昼夜12H/12H、照度1328±75.7lux

フラスコの変化は、白い背景の同じ条件で撮影し、照度に関わらない測色=CIE Labにより数値化した。

L:照度
a: 正の値→マゼンダ
　　負の値→緑
b: 正の値→黄色
　　負の値→青

結果

2016年9月20日より2017年1月15日までの117日間の変化。

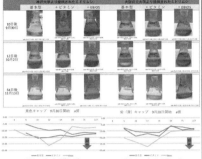

※ X軸は経過日数間隔を表していません。（色の変化を観察した時に撮影故）

考察

一般的な増殖曲線との違い

- 一般的な微生物

- 今回の実験（ミドリムシ）
ある程度までは減少 ⇔ その後完全には死滅しなかった

循環のバランスが取れたのでは？

初期条件による増殖曲線の違い

途中から：養分が多い方が濃度が濃くなった

初期：養分が少ない方が増殖した

初期では養分がかえって増殖を阻害？

今後の展望

- 実験を重ね、データを充実させる
- 実験や撮影の中で誤差を減らす
- 測定方法の再検討

ポスター例④：理系研究

学校机における使用済み雑巾の水拭き清掃の課題と改善
― 菌の視点から ―

神戸大学附属中等教育学校　6年2組4番　大槻ちひろ（4回生）
keywords: 持続可能な開発、学校環境、雑巾清掃、菌

Research question
最も学校机が清潔になる使用済み雑巾を使用した清掃方法とは → 清潔さを菌の増減量から見た

実験1　使用済み雑巾水拭きの検証
(方法　ノーマルな拭く前の状況と比較した)

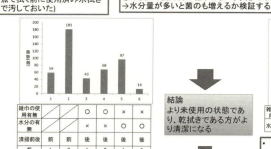

実験2　未使用雑巾乾拭きの実際
(方法　作り立て培地を使用した)

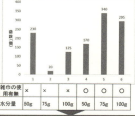

未使用乾拭きでは菌数が減少

① 普段の使用済み雑巾の水拭き清掃では机をきれいにするのではなく、より汚くしている
→ 今までの方法ではよくないので別の方法を探究する必要がある
② 未使用雑巾乾拭きでは変化がなく、使用済み雑巾乾拭きでは菌数減少
→ 未使用雑巾乾拭きをもう一度検証し、よりよい清掃方法として乾拭きが有力か検証する
③ 未使用、使用済み雑巾ともに水拭きでは菌数増加
→ 水分量が多いと菌のも増えるか検証する

実験3　未使用雑巾水拭きと使用済み雑巾乾拭きの実際
(方法　より汚くする、という観点で拭く前に使用済み雑巾水拭きで汚しておいた)

実験4　水分量の影響
(方法　水分量を変えた)

結論
より未使用の状態であり、乾拭きである方がより清潔になる

未使用乾拭き2の培地が有効でないが、使用済み雑巾乾拭き1より未使用雑巾水拭き1の方が菌数多い
→ 水分で増える菌の量の方が使用済み雑巾にもともと含まれ机に付着した菌量より多いと示唆

今後
・より使用済み雑巾を未使用の状態に近付ける方法の探求
・実験3のやり直し

・まったく関係性、比例が見られない
→ やり直し
・一度、拭いた後どのぐらい時間が経過したら菌数が最も多くなるか調べ、もう一度行う

引用文献

第1章

荒瀬克己（2009）．奇跡と呼ばれた学校―国公立大合格者30倍のひみつ―　朝日新書

Dunlosky, J. & Metcalfe, J. (2009). Metacognition. San Francisco: Sage Publications. 湯川良三・金城 光・清水寛之（訳）(2010). メタ認知 基礎と応用　北大路書房

Ennis, R. H. (1987). A taxonomy of critical thinking dispositions and abilities. In J. Baron & R. J. Sternberg (Eds.), Teaching thinking skills: Theory and practice (pp.9-26). W.H. Freeman.

Ennis, R. H. (1989) Critical thinking and subject specificity: Clarification and needed research. *Educational Researcher, 18*, 4-10.

藤村宣之（2018）．「わかる学力」と「できる学力」　藤村宣之・橘 春菜・名古屋大学教育学部附属中・高等学校（編著）協同的探究学習で育む「わかる学力」―豊かな学びと育ちを支えるために―（pp. 15-37）ミネルヴァ書房

藤原和博（2017）．10年後，君に仕事はあるのか？　ダイヤモンド社

Hagemann, N., Strauss, B., & Leißing, J. (2008). When the Referee Sees Red ⋯. *Psychological Science, 19*, 769-771.

林　創（2016）．子どもの社会的な心の発達―コミュニケーションのめばえと深まり―　金子書房

林　創（2018）．探究的な学習・課題研究　楠見 孝（編）教職教養講座 教育心理学（pp.149-165）協同出版

林　創・山田剛史（2012）．リサーチリテラシーの育成による批判的思考態度の向上―「書く力」と「データ分析力」を中心に―　京都大学高等教育研究, *18*, 41-51.

飯澤 功（2016）．高等学校での探究型学習とアクティブラーニング　溝上慎一・成田秀夫（編）アクティブラーニングとしてのPBLと探究的な学習（pp.120-139）東信堂

伊藤素江（2015）．第81回 21世紀型能力の育成と評価～批判的思考～【前編】　ベネッセ教育総合研究所 アセスメント研究開発室　オピニオン
http://berd.benesse.jp/assessment/opinion/index2.php?id =4718（2019年1月8日閲覧）

国立教育政策研究所（編）(2016)．資質・能力 理論編　東洋館出版社

楠見 孝（2011）．批判的思考とは―市民リテラシーとジェネリックスキルの獲得―　楠見 孝・子安増生・道田泰司（編）批判的思考力を育む―学士力と社会人基礎力の基盤形成（pp.2-24）有斐閣

楠見 孝（2012）．批判的思考について―これからの教育の方向性の提言―　中央教育審議会高等学校教育部会 資料4
http://www.mext.go.jp/b_menu/shingi/chukyo/chukyo3/047/siryo/__icsFiles/afieldfile/2012/09/20/1325670_03.pdf（2018年10月2日閲覧）

楠見 孝（2016）．高校生の探究的学習スキルと批判的思考態度の育成―スーパーグローバルハイスクールにおける生徒の変容の評価―　日本教育心理学会第58回総会論文集，677.

楠見 孝（2017）．探究力と創造性の獲得　藤澤伸介（編）探究！ 教育心理学の世界（pp.68-71）新曜社

楠見 孝・子安増生（監修）道田泰司・林 創・平山るみ（2010）．クリティカルシンキング―情報を吟味・理解する力を鍛える―　ベネッセコーポレーション

楠見 孝・田中優子・平山るみ（2012）．批判的思考力を育成する大学初年次教育の実践と評価　認知科学, *19*, 69-82.

松田ユリ子・今井福司・金 昭英（2009）．現行学習指導要領における探究型学習の現状分析―学校図書館とのかかわりから―「学校教育の質の向上」プロジェクト平成20年度報告書　東京大学大学院教育学研究科附属学校教育高度化センター，1-47.

道田泰司（2015）．批判的思考教育の技法　楠見　孝・道田泰司（編）ワードマップ批判的思考—21世紀を生きぬくリテラシーの基盤—（pp.100-105）　新曜社
溝上慎一（2016）．アクティブラーニングとしてのPBL・探究的な学習の理論　溝上慎一・成田秀夫（編）アクティブラーニングとしてのPBLと探究的な学習（pp.5-23）　東信堂
文部科学省（2016）．次期学習指導要領等に向けたこれまでの審議のまとめ　補足資料(1)　http://www.mext.go.jp/component/b_menu/shingi/toushin/__icsFiles/afieldfile/2016/09/09/1377021_4_1.pdf（2018年10月2日閲覧）
文部科学省（2018）．高等学校学習指導要領解説　総合的な探究の時間編
酒井聡樹（2013）．これから研究を始める高校生と指導教員のために—研究の進め方・論文の書き方・口頭とポスター発表の仕方—　共立出版
三宮真智子（編著）（2008）．メタ認知—学習力を支える高次認知機能—　北大路書房
田村　学（2015）．授業を磨く　東洋館出版社
田村　学・廣瀬志保（2017）．「探究」を探究する—本気で取り組む高校の探究活動—　学事出版
谷岡一郎（2000）．「社会調査」のウソ—リサーチリテラシーのすすめ—　文春新書
谷岡一郎（2007）．データはウソをつく—科学的な社会調査の方法—　ちくまプリマー新書
上野千鶴子（2018）．情報生産者になる　ちくま新書
山田剛史・林　創（2011）．大学生のためのリサーチリテラシー入門—研究のための8つの力—　ミネルヴァ書房
吉田寿夫（2002）．人についての思い込みⅠ　北大路書房

第2章

Frey, C. V., & Osborne, M. A. (2013). *The future of employment: How susceptible are jobs to computerization.* Oxford, UK: Oxford Martin Programme on Technology and Employment.
ガリー，トム（2018）．ユーザーから見た機械翻訳の可能性と課題　学術英語学会第4回年次研究大会（2018.9.23）発表資料．
石川慎一郎（2016a）．アクティブラーニングの二重性—英語教育への示唆—　チャートネットワーク（数研出版），*79*, 1-4.
石川慎一郎（2016b）．キーコンピテンシーを志向したカリキュラムデザイン　神戸大学附属小学校研究紀要，*4*, 170-180.
石川慎一郎（2017）．答えのない時代を生き抜く力をつける—英語指導で培うキーコンピテンシー—　チャートネットワーク（数研出版），*82*, 4．
Ishikawa, S. (2017). From Principle to practice: Integration of the principles of English as a Lingua Franca, content and language integrated learning, deep active learning, and cooperative language learning in the design of communicative English language teaching for Japanese college students. *JACET Chubu Journal*, *15*, 11-27.
松下佳代（編著）（2010）．〈新しい能力〉は教育を変えるか—学力・リテラシー・コンピテンシー—　ミネルヴァ書房．
松下佳代（2011）．〈新しい能力〉による教育の変容—DeSeCoキー・コンピテンシーとPISAリテラシーの検討—　日本労働研究雑誌，*53*（9），39-49.
松下佳代（編著）（2015）．ディープ・アクティブラーニング　勁草書房．
Prince, M. (2004). Does active learning work? A review of the research. *Journal of Engineering Education*, *93*（3），223-231.
須長一幸（2010）．アクティブ・ラーニングの諸理解と授業実践への課題—activeness概念を中心に—　関西大学高等教育研究，*1*, 1-11.

第3章

神戸大学附属中等教育学校（2016）．平成27年度（第1年次）スーパーグローバルハイスクール（SGH）研究開発実施報告書

東京大学教育学部附属中等教育学校（編著）（2005）．生徒が変わる卒業研究―総合学習で育む個々の能力―　東京書籍

山田剛史・林　創（2011）．大学生のためのリサーチリテラシー入門―研究のための8つの力―　ミネルヴァ書房

第5章

後藤芳文・伊藤史織・登本洋子（2014）．学びの技―14歳からの探究・論文・プレゼンテーション―　玉川大学出版部

Heydorn, W. & Jesudason, S. (2013). *Decoding Theory of Knowledge for the IB Diploma: Themes, Skills and Assessment.* UK: Cambridge University Press.（ヘイドーン，W.・ジェスダソン，S.　Z会編集部（編）（2016）．TOK（知の理論）を解読する　〜教科を超えた知識の探究〜　Z会）

人見久城（2011）．アメリカにおける大学入試制度と化学に関する試験（諸外国では大学への入学を許可するためにどのような制度を設けているか（その9））化学と教育，59，164-167．

石黒　圭（2012）．論文・レポートの基本　日本実業出版社

酒井聡樹（2017）．これからレポート・卒論を書く若者のために　第2版　共立出版

酒井聡樹（2018）．これから学会発表する若者のために　第2版―ポスターと口頭のプレゼン技術―　共立出版

高橋佑磨・片山なつ（2016）．伝わるデザインの基本　増補改訂版―よい資料を作るためのレイアウトのルール―　技術評論社

宅間紘一（2008）．はじめての論文作成術―問うことは生きること―　日中出版

若杉　誠（2016）．卒業研究セミナーにおける指導の実践　平成27年度（第1年次）スーパーグローバルハイスクール（SGH）研究開発実践報告書，101-106．

山田剛史・林　創（2011）．大学生のためのリサーチリテラシー入門―研究のための8つの力―　ミネルヴァ書房

安田和宏（2011）．科学コミュニケーション活動としてのサイエンスカフェのデザイン　東京学芸大学大学院修士論文（未公刊）

第6章

石井英真（2010）．ルーブリック　田中耕治（編）よくわかる教育評価［第2版］（pp.48-49）　ミネルヴァ書房

高浦勝義（2004）．絶対評価とルーブリックの理論と実際　黎明書房

西岡加名恵（2003）教科と総合に活かすポートフォリオ評価法―新たな評価基準の創出に向けて―　図書文化

西岡加名恵（2016）教科と総合学習のカリキュラム設計―パフォーマンス評価をどう活かすか―　図書文化

第7章

宮野公樹（2009）．学生・研究者のための使える！ PowerPointスライドデザイン　化学同人

大里浩二（監修）フレア（編）（2013）．すべての人に知っておいてほしい配色の基本原則　エムディエヌコーポレーション

高橋佑磨・片山なつ（2016）．伝わるデザインの基本［増補改訂版］―よい資料を作るためのレイアウトのルール―　技術評論社

第 8 章
Benesse　高校生 3 分ニュース「【高 1 生向け】新大学入試で後悔しないためにこの夏やっておきたいこと」
　　https://kou.benesse.co.jp/kou_news/juken/0225.html（2018年12月14日閲覧）
甲南 Ch.　スイーツが学びに!?　神戸の街を盛り上げるスイーツプロジェクト
　　http://ch.konan-u.ac.jp/about/premiere-sweets.html（2018年12月24日閲覧）
文部科学省（2016）．平成28年度における大学入学者選抜改革の主な取組等について　別添資料 2
　　http://www.mext.go.jp/b_menu/houdou/29/05/__icsFiles/afieldfile/2017/05/23/1385793_02_1.pdf
　　（2018年12月20日閲覧）
西郡　大（2018).「調査書」「志願者本人の記載する資料等」の活用についての課題．特集「高校での教育活動をどのように把握し，大学入学者選抜に活用するのか」Kawaijuku Guideline 2018. 7. 8
　　https://www.keinet.ne.jp/gl/18/0708/toku.pdf（2018年12月14日閲覧）
西岡加名恵（2017）．大学入試改革の現状と課題─パフォーマンス評価の視点から─　名古屋高等教育研究，*17*，197-217.

第 9 章
平山るみ・楠見　孝（2004）．批判的思考態度が結論導出プロセスに及ぼす影響─証拠評価と結論生成課題を用いての検討─　教育心理学研究，*52*，186-198.
平山るみ・楠見　孝（2011）．批判的思考の測定　楠見　孝・子安増生・道田泰司（編）批判的思考力を育む─学士力と社会人基礎力の基盤形成（pp.110-138）　有斐閣
神戸大学附属中等教育学校（2016）．SGH 実践の成果と課題─意識調査結果と分析─平成27年度（第 1 年次）スーパーグローバルハイスクール（SGH）研究開発実施報告書，107-117.
神戸大学附属中等教育学校（2017）．グローバル意識調査結果と分析　平成28年度（第 2 年次）スーパーグローバルハイスクール（SGH）研究開発実施報告書，103-115.
神戸大学附属中等教育学校（2018）．SGH 実践が「教科学力」と「グローバル能力」に与える影響について　平成29年度（第 3 年次）スーパーグローバルハイスクール（SGH）研究開発実施報告書，111-119.
文部科学省（2018）．高等学校学習指導要領解説　総合的な探究の時間編

第10章
酒井聡樹（2013）．これから研究を始める高校生と指導教員のために─研究の進め方・論文の書き方・口頭とポスター発表の仕方─　共立出版

おわりに

　本書の編集を通じて，縁というものが大事だなと感じています。神戸大学附属中等教育学校と私（林）とのご縁は，2013年2月に神大附属の当時副校長であられた安岡久志先生（現在，兵庫県立川西明峰高等学校校長）よりいただいたメールに始まります。2011年に岡山大学の山田剛史先生と共著で出版した『大学生のためのリサーチリテラシー入門』（ミネルヴァ書房）を，「総合的な学習の時間」での探究的な学習の教科書として使いたいので，講演に来てほしいというご依頼でした。当時，私は岡山大学の所属でしたが，その4月から神戸大学への異動が決まったところでした。そのことをご存知でない神大附属からのお声がけに大きなご縁を感じました。

　2013年7月に，初めて神大附属に伺った日のことは今でも鮮明に思い出されます。前半が生徒向けの講演会，後半が教員向けの研修会で，山田先生と二人でお話をさせていただきました。生徒は，神大附属で初めて卒業研究に取り組むことになる1回生の5年生でした。当時は，課題研究がまだ一般的ではなく，神大附属の先生方も手探りの状態でした。先生方は，探究の実践で有名な東京大学教育学部附属中等教育学校や京都市立堀川高等学校へ視察に行かれるなど，さまざまな準備をされていましたが，1回生への卒業研究の指導が迫り，不安を感じておられました。研修会では，研究テーマの決め方から，ふだんの指導の仕方，論文の書き方，評価の方法に至るまで，先生方から次々と質問をいただき，とても熱気あふれる時間となりました。

　その後，授業を参観させていただいたり，研究の進め方や統計分析の仕方などの講演，発表会や授業研究会の講評の担当などを通じて，神大附属の課題研究の推進に関わらせていただくことになりました。当初の生徒の研究は，研究の問題や背景と実施方法が乖離していたり，結論が飛躍して問題意識と噛み合っていなかったりなど，論理的な不整合が目立ちました。また，指導の熱意も先生方で温度差がありました。それが，年を重ねるごとに飛躍的に改善され，3回生が卒業研究を完成させる2016年度頃からは，

大学の一般的な卒業論文を凌駕する優れた研究がたくさん見られるようになりました。それと同時に，一部の先生だけでなく先生方全員が課題研究の指導に熱意をもたれ，生徒と一緒に楽しまれるようになりました。今では，先生方と生徒のみなさんの双方で，「研究（探究）すること」が神大附属の「文化」として定着していることを感じます。

　その間に，課題研究の取組がマッチする大学入試も増え，卒業研究で力をつけた生徒が難関大学に続々と合格するようになりました。全国的にも中等教育において探究の指導が求められるようになり，神大附属の課題研究は，先進的事例として全国の高校の注目を浴びるようになりました。毎年2月に神大附属で行われている公開授業と研究会では，「総合的な学習の時間」で多くの集客があり，一番大きな部屋の一つが用意されています。このような神大附属の先進的な実践に，その初期から関わる機会をいただけている幸運を感じております。

　本書がまとまるまで，たいへん多くの方々にお世話になりました。学事出版の花岡萬之様には，類書の少ない冒険的な本書の企画に関心を示していただけただけでなく，遅れがちな原稿を辛抱強くお待ちいただき，丁寧にご編集いただきました。厚く御礼申し上げます。『大学生のためのリサーチリテラシー入門』の共著者の岡山大学の山田剛史先生には，神大附属にもたびたび来ていただき，お力をいただいており，とても感謝しております。京都大学の楠見孝先生には，批判的思考とその教育についての基礎や最新の知見をご指導賜り，神大附属の実践にコメントできる力をいただくことができました。厚く御礼申し上げます。東京大学の秋田喜代美先生には，神大附属の実践をご覧いただき，貴重なご助言を賜りましたことに加えて，本書の帯にも温かいお言葉を頂戴しました。心より感謝申し上げます。伊藤素江様をはじめベネッセコーポレーションのみなさまには，いつも神大附属の実践に関心を寄せていただき，貴重なご示唆とサポートをいただくことができました。まことにありがとうございました。バージニア工科大学の堀一輝様には，神大附属で実施されたベネッセの批判的思考力テストの分析と数々のご助言をいただくことができました。深く感謝いたします。

神大附属のグローバルな活動の基礎を形作られた神戸大学の石川慎一郎先生には，課題研究の指導についてもたいへんお世話になっております。本書でも第2章にご寄稿いただけ，本書の理論的背景を飛躍的に高めることができました。厚く御礼申し上げます。

　神戸大学附属中等教育学校の校長の藤田裕嗣先生には，本書の編集を温かく見守っていただきました。神大附属の課題研究を基礎から形作られた副校長の勝山元照先生と研究部主事・グローバル教育推進室長の岩見理華先生には，本書の企画のお誘いをいただき，生徒の生き生きとした課題研究への取組を思い出しながら，ご一緒に楽しく編集作業をさせていただくことができました。ありがとうございました。分担執筆いただいた先生方をはじめ，異動された方を含めて神大附属の全ての先生方に感謝しております。

　本書の編集では，東京大学教育学部附属中等教育学校の実践がまとめられた『生徒が変わる卒業研究─総合学習で育む個々の能力─』（東京書籍）を大いに参考にさせていただきました。本書をまとめる過程で，東大附属が昔からいかに優れた探究の実践をされてこられたのかを改めて実感しました。東大附属によるこの本のように，本書も全国の課題研究の取組の参考になれば嬉しく存じます。

2019年1月

編者を代表して　林　創

執筆者紹介

林 創（神戸大学大学院人間発達環境学研究科准教授，編者）【第1章，第9章2節】
石川慎一郎（神戸大学大学教育推進機構／大学院国際文化学研究科教授）【第2章】
岩見理華（編集補佐，元神戸大学附属中等教育学校研究部主事・グローバル教育推進室長 指導教諭，現兵庫県立兵庫高等学校教諭）【第3章，第4章1節，第4章2節，第7章，第8章，第9章1節】
勝山元照（前神戸大学附属中等教育学校副校長，現親和中学校・親和女子高等学校校長補佐）【第5章2節】
中垣篤志（神戸大学附属中等教育学校教諭）【第5章3節】
平松はるみ（元神戸大学附属中等教育学校教諭，現兵庫県立北須磨高等学校主幹教諭）【第4章3節，第5章1節】
安田和宏（神戸大学附属中等教育学校教諭）【第5章3節】
山本拓弥（神戸大学附属中等教育学校教諭）【第5章3節，第6章】
若杉 誠（神戸大学附属中等教育学校教諭）【第4章1節，第5章4節】

（編著者紹介）
林 創（はやし はじむ）
神戸大学大学院人間発達環境学研究科准教授
京都大学大学院教育学研究科博士課程修了 博士（教育学）
専門：発達心理学，教育心理学
主著：『大学生のためのリサーチリテラシー入門―研究のための8つの力―』（共著，ミネルヴァ書房），『子どもの社会的な心の発達―コミュニケーションのめばえと深まり―』（単著，金子書房），『他者とかかわる心の発達心理学―子どもの社会性はどのように育つか―』（共編著，金子書房）

神戸大学附属中等教育学校
　神戸大学の附属学校再編計画に基づき，2009年に設立された中等教育学校である。前身の附属住吉中学校及び附属明石中学校を母体にして新たに後期課程（高校段階）を創設し，中高一貫教育を行っている。神戸大学の「教育憲章」のもと，「グローバルキャリア人育成」を教育目標に掲げ，大学の「グローバルエクセレンス」育成の4つの視点（人間性，創造性，国際性，専門性の教育）に符号した教育の柱を立てて教育実践を行っている。また国立大学附属学校の使命である教育研究を重視する研究開発を進めており，高校地理歴史科の研究開発（2013年度～2016年度（地理基礎）（歴史基礎），2017年度～2019年度（地理総合）（歴史総合）），スーパーグローバルハイスクール（2015年度～2019年度）の指定を受け，実践研究を推進するとともに，ESD（持続可能な開発のための教育）の推進拠点であるユネスコスクール（2014年度加盟）としての教育実践に取り組んでいる。

探究の力を育む課題研究
——中等教育における新しい学びの実践——

2019年3月31日　初版第1刷　発行
2021年3月15日　初版第3刷　発行

●編者● 林　創・神戸大学附属中等教育学校

●発行人● 花岡萬之

●発行所● 学事出版株式会社

〒101-0021　東京都千代田区外神田2-2-3
電話　03-3255-5471
http://www.gakuji.co.jp

●編集担当　花岡萬之
●印刷・製本　精文堂印刷株式会社
●表紙デザイン　精文堂印刷デザイン室／三浦正已

ISBN978-4-7619-2543-7　C3037　　　　2019 Printed in Japan

「探究」を探究する
本気で取り組む高校の探究活動
田村 学 + 廣瀬志保 編著

高校での「探究」導入に乗り遅れないために！

次期指導要領改訂を目前に控え、今後、高校でも取り組むべき大きな課題となる「探究」。本書では理論の解説を行うと同時に、実践事例も多数紹介しています。
高校の「探究」についての理解を深めることができる1冊です。

主な内容（目次より）

第1章 高校での「探究」のこれまでとこれから
 1 高校での「探究」を考えるために
 2 探究を深めるエッセンス ～50校の実践が教えてくれたこと～

第2章 「探究」実践例17選

第3章 〈編著者対談〉田村学×廣瀬志保 高校も「探究」モードへ ほか

- A5判・192ページ
- 定価（本体2,000円＋税）
- ISBN978-4-7619-2374-7

対象：高等学校管理職

ホームページからもご注文できます http://www.gakuji.co.jp

学事出版 千代田区外神田2-2-3　TEL03-3253-4626　FAX0120-655-514

アクティブ・ラーナーを育てる高校
アクティブ・ラーニングの実態と最新実践事例

中原 淳 + 日本教育研究イノベーションセンター 編著

「高校生たちを"アクティブ・ラーナー（Active learner）"に育て上げる学校を、いかにつくっていくか」について様々な角度から探究。
高校でのアクティブ・ラーニング推進のためのヒントが盛り沢山。ALの実態、導入に際しての悩み、学校や自治体での先進事例などを分かりやすく解説。

本書の内容（目次より）

1. **なぜ、今、高校でアクティブ・ラーニングなのか**
   アクティブ・ラーナーを育てる高校―中原 淳
   【対談】授業改革は学校改革に通ず　下町壽男×中原 淳
2. **高校でのアクティブ・ラーニング推進の実態**
   【管理・運営の面から】【参加型授業の実施・取組状況】
3. **高校の先生たちは、どこで悩んでいるのか**
   ―どうする？　アクティブ・ラーニング！：先生のための相談室
4. **学校・自治体での先進事例**
5. **学びを考えるためのキーワード10**

- A5判／176ページ
- 定価（本体1,800円＋税）
- ISBN978-4-7619-2307-5

高校管理職

ホームページからもご注文できます http://www.gakuji.co.jp

学事出版 千代田区外神田2-2-3　TEL03-3253-4626　FAX0120-655-514

「総合的な探究」実践ワークブック
社会で生き抜く力をつけるために

高校教師対象

鈴木建生 監修／池田靖章 編著

新指導要領のキーワードである「探究」をテーマとした副教材。生徒たちがペアになったりグループになったりするアクティブ・ラーニングの手法を用いて、ソーシャルスキル、コミュニケーションスキルを身につける実践ワークブック。「総合」を始めとする様々な授業場面でご活用いただけます。

主な内容（目次より）

Ⅰ 自分を知る
- ●ガイダンス～はじめのワーク～　●好きなことプレゼンテーション
- ●他己紹介～インタビューする～　●リフレーミング～ポジティブ思考～
- ●エゴグラム～性格を分析する～　ほか

Ⅱ 社会を知る
- ●3年間をイメージする～進路実現に向けて～　●名刺づくり～あいさつって?～
- ●ディベートを行う　●一人暮らし～未来をイメージする～
- ●家計を考える～収入から見える社会～
- ●発表1～ポスターセッション～　●発表2～パワーポイントを作る～　ほか
- ◆名刺作成シート

◆A4判　◆56ページ　◆定価(本体700円+税)　◆ISBN978-4-7619-2354-9

学事出版 千代田区外神田2-2-3　TEL03-3253-4626　FAX 0120-655-514
http://www.gakuji.co.jp